På eventyr
mellem
himmel og jord

En journalistisk *roadmovie* gennem stjernenatten

NILS ELMARK

Stjernekort udarbejdet af Patrycja Ignaczak

Original title: *På eventyr mellem himmel og jord*

COVER DESIGN
Patrycja Ignaczak

DTP
Patrycja Ignaczak
Paweł Kucypera

Copyright © 2011 by Nils Elmark. All rights reserved

ISBN 978-87-994976-0-7

INCEPCION Ltd.
contact@incepcion.co.uk

Ekspeditionen tager sin begyndelse

Det startede med Jupiter. En aften i begyndelsen af juni bemærkede jeg en flot lysende stjerne, som ved 23-tiden kom til syne mellem træerne inde hos naboen. Stjernen var nemlig ikke sådan at overse. Den strålede på himlen som en lille sol og var et fascinerende syn, hvis lyskraft denne sommer blev forstærket af, at Jupiter var i opposition til solen. Det vil sige, at de to himmellegemer er i hver sin ende af himlen, hvilket betyder at Jupiter er fuld, på samme måde som månen kan være det.

Det var også med Jupiter som motiv, jeg begyndte mine nattetegninger. I modsætning til stjernerne, der alle har deres vante pladser på himlen og viser sig som billederne på en drejelig urskive, er Jupiter en vandrende stjerne, en planet, der følger sin egen bane rundt om Solen. Den har sin egen køreplan og bestemmer selv, hvornår mennesker skal se den og på hvilken stjernebaggrund, den skal betages. Sådan er det også med de andre planeter, forstås, men for mig er Jupiter blevet planeten over dem alle.

Resten af sommeren kiggede jeg hver aften ud af vinduet, inden jeg skulle i seng, for at sikre mig, at Jupiter stadig var på sin plads forneden på himlen. Jeg prøvede at tegne Jupiter og nattehimlen med kul; jeg prøvede med fyldepen og børnenes farveblyanter. Jeg har aldrig tegnet før, men her kunne jeg ikke lade være. Bagefter kan jeg se, at Jupiter blev større på papiret end i virkeligheden og ubevidst tegnede jeg min himmelske *fascination i det format, jeg oplevede den. Jeg følte en barnlig glæde over at have lært at identificere en planet og har senere fundet ud af, at hvis jeg var gået om på den anden side af huset, ville jeg også have set Venus stråle om muligt endnu klarere. Men skidt med det, min kærlighed til Jupiter, min første "stjerne", var vakt, og i det kommende efterår og vinter fulgte jeg stjerner og planeters gang over himlen.*

Mit møde med Jupiter, fik sendt mig ud på et af mit livs eventyr. Hvad jeg ikke vidste denne klare sommeraften var, at mødet med Jupiter skulle blive skelsættende. Det var begyndelsen på en magisk ekspedition i tid og rum, hvor jeg undervejs mødte mennesker, som i al fremtid vil berige mit liv med en indsigt og en forståelse, jeg ikke vil undvære for nogen pris. Jeg har været på en rejse i vor civilisation; jeg har fundet Balders kilde, hvor mennesker kan hente indsigt og inspiration til store drømme og bedrifter. Jeg har afdækket nye spændende historier og fantastiske fortællinger, der er blevet klapret ned én efter én på min 60 år gamle Smith Corona rejseskrivemaskine. Historier jeg nu vil dele med læseren.

Når min beretning er færdig, vil læseren aldrig mere gå ligegyldig ud i den klare nat; han vil se hjemmevant op mod stjernerne og glædes over slægtskabet med mennesker, der gennem tusind generationer har set det samme som ham; og hvis læseren glemmer sig selv længe nok, vil han måske som med et smukt stjerneskud fange et enkelt kort glimt af evigheden.

Men i sidste ende er det min personlige historie, der er blevet til ud fra det, jeg lod mig fange af på min ekspedition. Andre ville have hæftet sig ved noget andet. Jeg har blot lukket nogle af mange døre op for det mysterium, som livet er, og fra starten stolet på tilfældet. For tilfældet er det eneste, der bringer os videre. Hvis man kun forfølger det, som allerede interesserer én og er bekendt, møder man ikke eventyret, og jeg vil have mine læsere med på eventyr.

PÅ EVENTYR MELLEM HIMMEL OG JORD

Jupiter fik mig ved et tilfælde til at gå ud i natten og løfte blikket mod himlen, men jeg vidste ikke, hvad jeg herefter skulle se efter. Mit blik stoppede først, når det så noget, som vakte min interesse. Heldigvis kom de spændende historier og iagttagelser strømmende, og jeg lod mig villigt forføre og fulgte alle de spor, jeg blev præsenteret for, blot de var dragende nok. Til at begynde med, var jeg nysgerrig uden mål, jeg fartede om på himlen drevet af lysten til ny indsigt; men efterhånden blev rejsens mål mere og mere klar: jeg søgte mening og sammenhæng i livet. Jeg var som Indiana Jones på jagt efter pagtens ark og udødeligheden i universet.

Jeg fandt den hellige gral; om jeg også leder læseren hen til følelsen af udødelighed, kan vedkommende kun selv bedømme. Men det er heller ikke så vigtigt: turen til stjernerne bliver spændende.

Denne fortælling er en praktisk guide ud i stjernenatten, den tager begynderen i hånden, og viser ham eller hende de strålende oplevelser, himlen kan byde på. Første del af bogen giver læseren alle de praktiske forudsætninger, der er nødvendige for at finde rundt på himlen.

Men bogen er mere end blot en vejviser til stjernerne. Den er også en detektivhistorie, som afdækker den kultur, stjernerne har skabt på jorden. Endelig er den en rejsedagbog med opskriften på intellektuelle eventyr. Den viser principperne for, hvordan man tager sin forstand og sine følelser på langfart.

Bogen er læserens licens til at kaste sig over alt, hvad der interesserer. Blot man er nysgerrig, har man lov til at forfølge mål, gå efter det, der undrer og betager, lade sig føre på afveje og midt i sit kaos stole på, at stjernerne nok skal bringe én sikkert hjem.

At finde vej på himlen

Jeg har altid haft lyst til at kende himlen og stjernerne. Når jeg siger det til andre, svarer de, at det kunne de egentlig også. Det irriterer mange, at Karlsvognen er det eneste stjernebillede de kender, men lysten er ikke så stor, eller også har de ikke modet, til at de gør noget ved det. Af en eller anden årsag er den fantastiske halvkugle, som omgiver os livet igennem, prioriteret lavt hos moderne mennesker. Men manglen på kendskab til himmelhvælvet har efterladt en irritation hos de fleste, som er bevidst om, at her er noget, de mangler indsigt i. Og når man endelig får denne indsigt, er det som at fjerne en sten i skoen, det grækerne kalder katarsis, den åndelige udløsning, som fjerner kroppens ophobede spænding.

En efterårsaften, da Jupiter var forsvundet fra min himmel, besluttede jeg, at min uvidenhed om nattehimlen skulle være slut. Jeg hentede en blok og en blyant og begyndte at tegne det, jeg så. Jeg ville ikke starte med at læse bøger og studere stjerneatlas, jeg ville afbilde verden, som jeg så den. Stjerne efter stjerne blev krydset ind på papiret, og da jeg havde alle de største og tydelige, gik jeg i gang med at finde ud af, hvad det var, jeg havde tegnet. Den beskæftigelse har jeg holdt fast i lige siden; når himlen er klar sætter jeg mig ud i mørket og tegner stjernekort.

Jeg er gået i fodspor, som er i hvert fald 3.500 år gamle. Det ældste stjernekort, vi kender, blev tegnet af Dronning Hatshepusuts visir Senmut, der sad i den mørke ægyptiske nat og søgte at bevare billedet af nattens stjerner, så præsterne kunne se på dem, også når det var blevet lyst. Flere kunstnere har malet stjernebilleder. Den bornholmske maler Oluf Høst malede Orion, og den fransk/hollandske ekspressionist van Gogh sad i Arles og malede Karlsvognen fra sit cafébord. Min berømte landsmand Tycho Brahe sad for over 400 år siden på Hven i Øresund og tegnede, hvad der dengang var verdens mest præcise stjernekort. Bronzealderfolk ristede himlen i klipperne for at bevare den for eftertiden og istidsmennesker tegnede månens gang over himlen på klippevæggen.

At tegne sine egne stjernekort kræver en helt anden koncentration and blot at læse dem. Man skal tage stilling til, hvor stjernerne står i forhold til hinanden, vurdere afstande mellem stjerner og stjernebilleder og placere dem i forhold til horisonten og de silhuetter, som træer og huse danner. Når man tegner stjernekort, tager man ejerskab over himlen og skaber et ellers flygtigt billede af virkeligheden på sit papir, og det kræver langt mere engagement end blot at tolke et stjernekort, man har købt hos boghandleren.

Problemet med stjernehimlen er, at den er oversået med stjernebilleder, som ikke umiddelbart ligner noget, man kender, og som slet ikke ligner det, de hedder. Den vingede hest Pegasus, ligner ikke en vinget hest. Cassiopeia, ligner ikke en kvinde, Aquila ligner ikke en ørn, Store Bjørn ligner ikke en bjørn, Herkules ligner ikke en stærk mand, Auriga ligner ikke en kusk og sådan kan man blive ved. Intet under, at publikum er forvirret og den nye stjernekigger mangler referencer. Et græsk navn til en samling stjerner, som ikke ligner noget, gør det svært at lære himlen at kende. Man har intet forhold til det, man ser og skal huske. Det er som at huske pinkoder og kontonumre. Man er nødt til at skabe sin egen referenceramme, og det gør man, når man tegner stjernekort og knytter sine egne historier til det, man ser. Stjernehimlen er ikke et skolepensum; der er ikke et minimum af viden, man behøver; man lærer, så længe det er sjovt, og holder op, når det keder én. Der er stjernebilleder, jeg stadig ikke har set og som jeg er tindrende ligeglad med. Og andre jeg gerne vil se, men endnu aldrig har.

Når jeg sidder i natten og tegner, kan jeg komme i tvivl om, hvorvidt min interesse er stjernerne eller glæden ved at tegne. For med mine stjernekort og mine natlige observationer er fulgt en interesse for kunst. "Nu skal du ikke tro, at du er kunstner" sagde en af mine gamle venner, som er galleriejer. "det tror folk, de kan blive, så snart de får interessen for at male"

Knud tager fejl; jeg er kunstner, hvis jeg bruger mine evner til at skabe noget originalt. Det kan godt være, at I andre ikke kan lide det, jeg laver, men jeg har alverdens ret til at udfolde mig uden at skamme mig eller nedgøre mine egne frembringelser.

Men lad os gå ud i natten.

Det starter med Karlsvognen

De fleste mennesker kan finde Karlsvognen på himlen, og det gode ved Karlsvognen er, at den *altid* er på himlen. Mange af de øvrige stjernebilleder forsvinder under horisonten på forskellige tidspunkter af året, eller de bliver mere eller mindre usynlige i den lyse sommernat. Ikke Karlsvognen! Den er første stjernebillede på himlen om aftenen, og den bades aldrig i havet, som de gamle grækerne sagde. Egentlig er Karlsvognen ikke engang et autoriseret stjernebillede. De syv stjerner udgør ifølge astronomerne blot en del af Store Bjørn; men for mig er Karlsvognen det fornemmeste stjernebillede af dem alle. Hør blot hvad Jeppe Aakjær skriver for et århundred siden:

> *Jeg har talt dine Hjul, før jeg knap kunde stave,*
> *jeg har ridset dit Billed i Rudernes Rim;*
> *jeg har set dig saa stor over sneede Grave,*
> *men saa bleg, naar det gjæred i Vaarnattens Kim,*

Hele vort liv har vi Karlsvognen over os, den var der, før vi blev født, og den er der, når vi engang er væk igen. Vi behøver blot at se op på himlen for at få tingene i perspektiv. Karlsvognen er nordisk. De fleste andre stjernebilleder er udtænkt andre steder, men Karlsvognen er vores. Man ved ikke med sikkerhed, hvorfor Karlsvognen hedder det, den gør, men navnet har rødder tilbage til vikingerne og den nordiske gudetro. Karlsvognen er "mandevognen", som i udtrykket "karle og piger". Karlsvognen er Odins vogn. Han var Gudernes konge og på oldfrisisk har man udtrykket: "sevenstarre ofde Woenswaghen" altså "Odinsvognens syv stjerner"

I 1597 siger kusken i Shakespeares Henrik IV i 2. akt. scene 1:
Heigh-Ho! An't be not four by the day, I'll be hanged: Charles Wain' is over the new chimney and yet our horse not packed.

[*Halløj! Er jeg ikke fremme kl. 4 vil jeg blive hængt. Karlsvognen er over den nye skorsten og stadig er vor hest ikke pakket.*]¹

Navnet på Karlsvognen var altså almindeligt brugt af almindelige folk i renæssancen i England. Men det er ældre, meget ældre. Jeg har fundet et citat fra bogen "De Natura Rerum", som blev skrevet af den britiske munk Bede, der levede fra 673 til 735; det er på angelsaksisk, men flere af ordene er genkendelige; blandt andet stjernebilledets navn: *Carles wæn ne gæþ næfre adune under ðyssere eorþan, swa swa oðre tunglan doþ*: "Karles Vogn går aldrig under jorden, som andre måneår gør (det vil sige "stjernebilleder" gør).

Jeg har flere steder læst, at Karlsvognen skulle være opkaldt efter kejseren Karl den Store, Charlemagne, men ovenstående citat afliver snakken om det, for Karl den Store kom først på banen hundred år efter, at munken Bede skrev om Karlsvognen. Her er et vaskeægte nordeuropæisk navn for et stjernebillede.

Karlsvognen er det flotteste af alle stjernebilleder, den er imponerende i form, lys og størrelse og dens betydning kan ikke undervurderes; man bør ikke sige, at man *kun* kan finde Karlsvognen. Man skal sige at man *heldigvis* altid kan finde Karlsvognen, for så vil man aldrig være fortabt i natten. Den amerikanske stat "Alaska" har Karlsvognen og Nordstjernen som motiv på sit flag. På engelsk kaldes Karlsvognen "The Big Dipper", altså den store øse. Alaskas flag er mørkeblåt med 8 gyldne stjerner, og det blev

---

¹ Alle oversættelser i kantede parenteser

introduceret i 1927 efter en konkurrence blandt skolebørn. Vinderen var den 13-årige Benny Benson, som fik 1.000 dollars og et ur for sin ulejlighed og naturligvis æren over at have udformet statens flag. Digteren Marie Drake skrev efterfølgende en officiel flagsang:

> *Eight stars of gold on a field of blue –*
> *Alaska's flag. May it mean to you*
> *The blue of the sea, the evening sky,*
> *The mountain lakes, and the flow'rs nearby;*
> *The gold of the early sourdough's dreams,*
> *The precious gold of the hills and streams;*
> *The brilliant stars in the northern sky,*
> *The "Bear" – the "Dipper" – and, shining high,*
> *The great North Star with its steady light,*
> *Over land and sea a beacon bright.*
> *Alaska's flag – to Alaskans dear,*
> *The simple flag of a last frontier.*

Jeg kan lide digtet, der som Jeppe Aakjærs digt om Karlsvognen understreger, at før vi fik ordentlig gadebelysning og lysreklamer, var der tæt forbindelse mellem nattehimlen og livet på jorden. Alaskas flag viser på linje med almindelig spejder og soldaterlærdom, at de to bagerste stjerner i Karlsvognen peger direkte op på Nordstjernen. Den kalder astronomerne Polaris eller Polarstjernen; de gamle vikinger kaldte den "leidarstjarna' altså ledestjernen, og de har med garanti også brugt Karlsvognen til at identificere den på himlen.

Nordstjernen ligger langt ude i rummet i direkte forlængelse af jordens akse og er lige over Nordpolen. Har man fundet Nordstjernen, kender man derfor verdenshjørnerne og kan navigere på de store have. Nordstjernen har med god grund været symbolet på, at man vidste, hvor man var og hvor man ville hen. Shakespeare bruger den i Julius Cæsar:

Jeg er stabil som Nordstjernen
hvis sandhedsfaste og evige værdi
ikke finder sin lige i firmamentet.

[*I am constant as the northern star,*
Of whose true-fix'd and resting quality
There is no fellow in the firmament.]

På den sydlige jordkugle kan man også finde verdensretningerne ved at se på stjernerne; her skal man søge "Sydkorset", som cirkler rundt om Sydpolen. Men da jeg aldrig har været syd for ækvator, er det ikke noget, jeg selv har set.

Næste stjernebillede skal vi finde på den anden side af himlen. Hvis man forestiller sig indersiden af en paraply med Karlsvognen tegnet på den ene side, finder man Cassiopeia på den modsatte side af paraplyen. Cassiopeia ligner et bredt "W", og når man først har set stjernebilledet en enkelt gang, glemmer man det ikke. Cassiopeia er som Karlsvognen til at se året rundt; den er ikke så markant i sin fremtræden men tydelig nok. Jeg kan ikke se Cassiopeia uden at tænke på Tycho Brahe. Dette stjernebillede og Tycho Brahe er uløseligt forbundet, og skal man skrive om ham, skal man til øen Hven i Øresund.

Stjerneborg på Hven

Jeg har taget færgen fra Landskrona til Bäckviken og cykler op ad den stejle bakke til mine to venner, kunstmalerne Celeste og Stig-Owe, der holder til på Marielund midt på øen ikke langt fra, hvor Tycho Brahe kortlagde himmelrummet for 450 år siden. Jeg vil som en anden pilgrim besøge det hellige sted.

Tycho Brahe hørte til en af Nordens mest indflydelsesrige adelsslægter; han var intelligent og veluddannet; en ægte renæssancesjæl med et vanskeligt og selvbevidst sind. Han studerede ved en række forskellige europæiske universiteter, blandt andet Rostocks, hvor han ved juletid i 1566 kastede sig ud i en duel med studiekammeraten Manderup Parsberg efter en hed diskussion om, hvem der var den bedste matematiker. Tycho Brahe skulle have passet sin fægteundervisning bedre end sin matematik, for resultatet blev, at Tycho eller Tyge, som han hed på dansk, fik et gevaldigt hak i tuden, så han resten af livet måtte gå med en sølvplade over næsen for ikke at snøvle.

Men Tyge var også interesseret i stjerner, og han kunne stjernehimlen på fingrene. En aften på Herrevad Kloster i Skåne den 11. november 1572 ser han op på himlen og opdager en ny stjerne i Cassiopeia. At opdage nye stjerner på Himlen er ikke en hverdagsbegivenhed, faktisk er det ekstremt sjældent. Tyge så én og hans elev Johannes Kepler så én i 1604, og herefter var det slut med nye stjerner i 300 år. Men Tyge så altså en ny stjerne i stjernebilledet Cassiopeia i 1572, og det kom til at betyde en vending i hans liv og den europæiske kultur. Den nye stjerne var så kraftig lysende, at den i en periode på 16 måneder var synlig selv om dagen, hvis man vidste, hvor man skulle se efter den. Tyge gik ind og hentede en tjener og spurgte, om han også så stjernen; det gjorde tjeneren, om end han næppe har fattet omfanget. Tyge tegnede den ind på sit kort og udgav en bog om sin observation "De Stella Nova" – Om Den nye Stjerne, der var en eksploderende stjerne, som i dag kaldes en supernova, opkaldt efter Tyges iagttagelse. Hans udgivelse "De Stella Nova" gav genlyd i hele den lærde verden og Tyge, som jeg herefter vil kalde ved sit latinske navn Tycho, havde al den akademiske X-faktor, der skulle til for at påkalde sig verdens opmærksomhed i mere end 15 minutter. Kong Frederik den 2. belønnede hans indsats, der bragte Danmark på de lærdes verdenskort, ved at give ham økonomisk uafhængighed, heri medregnet lenskabet for øen Hven, så han havde et sted at studere stjernerne i fred. Den eneste betingelse var, at han udarbejdede kongens horoskop en gang om året.

Tycho Brahe spildte ikke tiden. De næste 22 år sled han sammen med unge videnskabsfolk fra hele Europa med at opmåle himlen og placere stjernerne på den. Han udviklede selv sine måleinstrumenter og var måske historiens første moderne naturvidenskabsmand. Han accepterede kun det, han kunne måle og var netop derfor tilhænger af et verdensbillede med jorden som centrum, hvor mærkeligt det end kan lyde. I 1600-tallet var det store videnskabelige spørgsmål, hvorvidt solen eller jorden var centrum i Universet. Tycho Brahe mente fejlagtigt, at solen cirklede om jorden, men at de øvrige planeter til gengæld cirklede om solen. Han havde altså en hybrid løsning på spørgsmålet og har efter min mening haft god grund til at holde fast i denne opfattelse. Han havde nemlig målt vinklerne til alle de vigtigste stjerner, og hvis Jorden cirklede om solen, så måtte vinklen ændre sig i løbet af 6 måneder, når jorden i givet fald, havde skiftet side i forhold til solen. Når andre påstod, at solen var centrum, sagde Tycho: Det er ikke, hvad mine målinger viser, de siger tværtimod, at jorden er centrum. Hvad han ikke tog højde for var, at afstandene til stjernerne er så enorme, og at hans udstyr var for upræcist til at måle afvigelserne.

Der var imidlertid andre områder, hvor han banede vejen for nye tider. Han havde nemlig set en ny stjerne, og siden antikken havde læren været, at himmelhvælvet – firmamentet – var perfekt og uforanderligt. Det var det ikke længere, beviste den nye stjerne. Så i princippet lagde Brahe den samme bombe under verdensopfattelsen af himlen, som Darwin lagde under forståelsen af livets udvikling. Endelig introducerede han den videnskabelige metode. Det var ikke længere tilstrækkeligt at sige "sådan er det, for det står i Biblen!" Nu skulle tingene bevises og det brød med kirkens magt – ånd og videnskab var blevet adskilt.

Alt dette foregik på Hven; øen var europæisk samlingspunkt for astronomisk videnskab og forskning. Studerende fra hele verden kom til Hven, selv den engelske Kong James var på besøg. Og støtten fra den danske kong Frederik den 2. var kolossal. Tycho Brahe fik mellem 1 og 2 procent af statsbudgettet; med det 21. århundredes målestok, er det forholdsmæssigt det dobbelte af den danske ulandsbistand eller det samme som vort forsvarsbudget. Der var med andre ord tale om en gigantisk videnskabelig satsning på stjernerne. Udover at kongen var fascineret over Tychos projekt, som kastede glans over landet, har det sikkert talt med i den royale goodwill, at Tycho Brahes onkel Jørgen Brahe i 1565 sprang i vandet for at redde Kong Frederik 2., da denne under en druktur var faldet i kanalen ved Højbro Plads. I den forbindelse pådrog Jørgen Brahe sig lungebetændelse, der to dage senere kostede ham livet. Så taknemmelighed til Brahe slægten, har spillet en rolle i kongens gavmildhed.

Tycho Brahe var i øvrigt ikke blot astronom og astrolog, man skelnede ikke så skarpt mellem de to begreber; han beskæftigede sig også med medicin og alkymi og var en glimrende digter, der skrev latinske digte. Han byggede slottet Uraniborg og observatoriet Stjerneborg, som begge er væk i dag. Der er kun omridset af slottet tilbage samt nogle få ruiner af observatoriet.

Tycho Brahe var arrogant, hvilket var skidt foreneligt med den nye konge, Chr. den 4, der tiltrådte i 1588 og ikke havde samme taknemmelighedsgæld til Brahe-slægten som sin far. I 1597 forlod Brahe fornærmet Hven i forventningen om, at Chr. den 4. ville komme løbende og bede ham om at blive. Men det gjorde kongen ikke. Brahe fortsatte derfor til Prag, hvor han kom til at arbejde med matematikeren Johannes Kepler, der i øvrigt oplevede endnu en supernova i 1604 – 3 år efter Brahes død.

Sommerhimlen

Det næste stjernebillede, jeg trækker ind i mit univers på Hven er Pegasus, som viser sig sidst på sommeren. Pegasus ligger skråt til højre for Cassiopeia. Den er let at kende, som en stor firkant med ben og vinger fra 3 af de fire hjørner. Jeg synes ikke, at det ligner en bevinget hest; det gør amerikanerne heller ikke. De vil hellere kalde den for "The Great Baseball Ground". Den tanke er jeg sympatisk stemt for. Indianerne går til det "Store Mysterium" når de dør, jeg har hørt jægersoldaten B.S. Christiansen tale om at gå til "Den store Jæger", så hvis man er amerikansk sportsfanatiker, er det vel ikke noget dårlig afslutning på livet at gå til "The Great Baseball Ground". De levende kan glæde sig over det store kvadrat på himlen vinteren ud.

Når det bliver rigtig koldt i januar fortrækker Pegasus for at give plads for en anden konstellation på den modsatte side af himlen, nemlig Bootes eller Bjørnevogteren. Dette stjernebillede finder man ved at følge den knækkede vognstang fra Karlsvognen ned til den strålende stjerne Arcturus, der er i spidsen af Bootes. Stjernen er en af de klareste på himlen og sidder i enden af et kileformet stjernebillede, der ligner en isvaffel. Arcturus, der er foran Karlsvognen, hedder også "Vognstjernen" og stråler på himlen hele den lyse årstid. Den er vor himmels næst klareste stjerne.

Fortsætter man buen gennem Arcturus, kommer vi ned til stjernen Spica. Har man fundet Spica, har man også fundet stjernebilledet Jomfruen; det er ikke et af de stjernebilleder, jeg har været interesseret i, da det for mig altid har været svært at se. Der er altid et eller andet i vejen, skyer, træer, huse eller også er det for lyst. Men Spica kan jeg lide, den er endestationen for den lyse stjernetur, der starter fra Karlsvognen.

Se, nu begynder vi at få styr på himlen; vi har Karlsvognen med Odin, Nordstjernen for vikingerne til søs, Cassiopeia med Tycho Brahe og hans nye stjerne, vi har Pegasus' Baseball Ground og Bootes med Arcturus og Spica i Jomfruen, hvis man ellers kan finde hende i vore dages oplyste tider.

Til venstre for toppen af Bootes, finder vi den "Nordlige Krone" et nydeligt lille U-formet stjernebillede, ikke så kraftigt lysende, men på en mørk aften, ser man tydelig formen. Oppe til venstre for den Nordlige Krone er Herkules, der består af en firkant med arme og ben i alle fire hjørner og godt kan minde om en neddroslet udgave af Pegasus.

De fleste mennesker kaster sig over stjernekiggeri i vinterhalvåret, fordi himlen da er flot med tusindvis af strålende stjerner. Men i virkeligheden er det meget lettere, hvis man begynder sin astronomiske interesse om sommeren; så er der nemlig ikke så mange stjerner at hitte rede i, og det er i øvrigt heller ikke så koldt. Jeg havde gruet lidt for sommeren, efter jeg i et halvt år at have nydt de vidunderlige stjerneklare nætter med tegneblokken og Neskaffen under den brummende terrassevarmer.

Men min frygt for kedelige stjerneløse sommeraftener blev gjort til skamme, måske mest af alt, takket være Sommertrekanten, der er en konstellation af stjerner fra tre forskellige stjernebilleder. Om sommeren tænder de store stjerner på himlen én efter én og begynder at lave mega-billeder, som bliver stående længe. De tre stjerner i førerfeltet er Deneb i Svanen, Vega i Lyren og Altair i Ørnen. De danner tilsammen en stor trekant, der viser sig i øst sidst på foråret og bevæger sig sydover i sommerens løb. Hver af de tre stjerner har som sagt deres eget stjernebillede, men dem vælger jeg at overse.

Vega fortjener at stå alene; den er afsindig flot med masser af sort himmel omkring sig. Vega betyder "Rovfuglen der dykker", og jeg har nogle aftener siddet på vores skrænt og tegnet Vega, når den hænger som en rovfugl i ensom majestæt over det oplyste Kronborg Slot. Når man tegner stjernekort, igangsætter man en proces, hvor værdier kommer op til overfladen og bindes sammen i nye mønstre. Navnet Vega stammer fra arabisk, Al-Waki, og det har været over tusind år undervejs med minderne om sorte arabiske nætter og varmt ørkensand, som denne aften i den skandinaviske sommernat bliver kombineret med det oplyste Kronborg; et af Europas smukkeste renæssance slotte, hvor Shakespeares teatertrup for 400 år siden optrådte for Kong Frederik II og hvor mine børn har leget hundredvis af gange. Vega, og andre stjerner som den, er ikke blot lysprikker på himlen; de indgår i et hele med deres omgivelser; de er som ord, der skifter betydning med den sammenhæng, de indgår i.

Deneb er den anden store stjerne i Sommertrekanten, den er "halen" på Svanen, Danmarks nationalfugl, der hver nat sommer og efterår flyver hen over mit hoved, indtil den ved juletid styrtdykker i nordvest. Svanen ligner vitterlig en svane med lange buede vinger og lang hals, eller et kæmpe kors, hvis man ønsker religiøse symboler på himlen. Foran vores altan har vi en lille sø, hvor der svømmer et svanepar rundt, og når svaneungerne kommer i vandet første gang, dukker Svanen op over bøgetræerne ved søen. Det morsomme er, at jeg faktisk overså Svanen indtil jeg blev opmærksom på Sommertrekanten. De lyse nætter sorterede alle de forvirrende småstjerner fra, så stjernebilledet Svanen stod frem i al sin pragt. Prøv selv at se efter, næste gang det er stjerneklart, man kan ikke forstå, at jeg kunne overse Svanen.

Sidste stjerne i sommertrekanten er Altair, der er den klareste stjerne i stjernebilledet Ørnen. Som nævnt, synes jeg ikke, at dette stjernebillede er noget særligt, det er stjernen Altair, der tager prisen i bunden af trekanten.

Hvad ser man ellers på den sydlige himmel i den lyse sommeraften? Vi ser som det allerførste Arcturus, kongen blandt stjerner. Ingen lyser stærkere end Arcturus med Vega på en andenplads. Jeg har leget lidt med en ny konstellation, der inddrager Arcturus i Sommertrekanten, idet jeg forlænger linjen fra Deneb og Vega hele vejen over til Arcturus i sydvest. Herfra trækkes endnu en ny linje ned til Altair og vi har nu, hvad jeg betegner som Sommersejlet, der er spændt ud over hele den sydlige sommerhimmel.

Jeg er klar over, at dette ikke er officiel astronomi, men det er heller ikke mit ærinde; jeg ønsker at tage personligt ejerskab for min himmel, og det gør jeg, når jeg sidder med min blok og blæk.

Når natten bliver sort

Når efteråret begynder, kommer der ny hård konkurrence om opmærksomheden. Sommertrekanten får svært ved at hævde sin dominerende stilling i stjernemylderet på den mørke himmel, hvor nye spændende stjernebilleder begynder at dukke op i øst; for det nye kommer fra den kant. Jorden drejer østover, men på grund af klodens gigantiske størrelse, ser det ud, som om stjernehimlen drejer mod vest; hvis man ellers har tålmodighed, lader være med at tænke for meget og blot ser op på himlen, kan man fornemme, at himlen roterer. Himlen ligner et gigantisk billedtæppe, der langsomt trækkes mod højre. I øvrigt drejer planeterne langt ude i solsystemet samme vej som jorden, østover. Hvis man er så heldig, at finde en planet på himlen, vil den første nat ledsage stjernerne over himlen mod vest. Men observerer man den gennem længere tid, vil man opdage, at den bevæger sig mod venstre gennem stjernebillederne; det er derfor, man tidligere kaldte planeter for "vandrende stjerner" i modsætning til fiksstjernerne, der holder deres placering og danner bagtæppet for planeternes optræden.

Når man året igennem går ud i natten, opdager man, at årstiderne har forskellige stjernebilleder. Der er aldrig helt det samme på programmet, udover de nordligste stjernebilleder, som fx Karlsvognen og Cassiopeia, og selv dem flytter himlen rundt på. Sommetider er Karlsvognen lavt på himlen andre gange lige over hovedet.

Jorden hælder og viser forskellige himmeludsnit afhængig af, på hvilken side af solen, den befinder sig; Så ikke alene vil solen overstråle en række stjerner om sommeren, der er også nogle konstellationer, der er under horisonten på det pågældende tidspunkt. Jeg går typisk ud og ser på stjerner ved 23-tiden og for mig betyder det, at fx Pegasus bliver synlig i juli, og når vi kommer frem til februar, forsvinder den fra min himmel. Når vi kommer hen til det sene efterår, dukker en håndfuld andre stjernebillede frem i natten, som jeg altid glæder mig til at gense. Mest af alt Orion. Orion er et ægte vinterstjernebillede. Det kommer på himlen, når det er allermørkest i november og december og forsvinder igen, inden de store bøgetræer i parken er sprunget ud. Orion ser man ikke, når der er blade på træerne.

Orion er et formidabelt stjernebillede og jeg behøver ikke at fortælle, hvordan man finder det. Kig dig omkring på den sydlige himmelhalvkugle ved vintertide, og du vil se Orion. I december er Orion så højt på himlen, at jeg kan se det i fuld figur over skrænten i min baghave. Orion er et godt sted at begynde, hvis man vil tegne stjernekort. Her er ingen mulighed for at gå fejl; de tre stjerner på linje, som danner Orions bælte, trækker begynderøjne til sig. Mine sønner kunne finde Orions bælte, før de begyndte i skole. Der er teorier om, at de tre store pyramider i Giza er placeret, så de matcher Orions bælte. Her er tale om en enestående stellar lysreklame. At beskrive Orion er som at beskrive 4.000 års astronomisk historie. Navnet Orion har vi fra grækerne. Orion var en stor jæger, som månens gudinden Artemis ved en fejltagelse kom til at slå ihjel. Som kompensation placerede hun Orion på himlen. Billedet er timeglas-formet med to stjerner forneden, tre stjerner tæt sammen som bæltet på midten, og de 3 stjerner foroven, der danner hoved og skuldre. Fra den øverste højre stjerne rækker Orion venstre arm ud og holder en bue i hånden. Tre af stjernerne er værd at fremhæve, nemlig den kraftige Rigel, nederst til højre. Rigel kommer fra gammelarabisk "rijl al jawza" og betyder "fod". Den kraftige røde stjerne "Betelgeuse", som danner Orions højre skulder (venstre for beskueren) er også af arabisk herkomst. Navnet Betelgeuse optrådte første gang på et europæisk stjernekort i 1252 og er en forvanskning af det arabiske "yad al jauwe" som betyder "hånden af den midterste", men på grund af læsefejl og oversættelsesfejl i middelalderen, troede man, at det betød armhulen, hvilket ganske vist giver god mening, men det er forkert og fejlen lever i bedste velgående. Betelgeuse er en gigantisk stjerne, 500 gange så stor som vores sol, og forskerne mener, at den tager tilløb til at blæse sig op som en supernova. Når det sker, vil den i en periode lyse som en glødepære i natten og med samme styrke som månen, så man vil kunne læse en avis i dens lys. Men det må tiden dog vise: om den bliver til en supernova og om vi til den tid læser aviser. Forskerne mener, det ikke vil true livet på jorden. At Betelgeuse bliver til en super nova, altså. Aviserne har de ikke taget stilling til. Herefter vil Orion i øvrigt mangle en skulder.

Den resterende venstre skulder (højre stjerne set fra jorden) er Bellatrix, som er latin for den kvindelige kriger, hvorfor stjernen også kaldes "amazone stjernen". Stjernen har givet navn til Bellatrix Lestrange, som Harry Potter fans vil kende; hun er en fuldblods heks og en af Lord Voldemort's fanatiske støtter. Hun har i øvrigt to yngre søstre, hvoraf den ene hedder Andromeda, som uden for Potters univers er et stjernebillede, der ligger lige under Cassiopeia og sidder i forlængelse af Pegasus-firkantens øverste venstre hjørne. Og som sådan, er det ganske let at finde.

Mens vi er i Harry Potter verdenen, kan vi lige så godt fortsætte med Sirius Black. Han er Harry Potters gudfar og søn af Orion Black. Sirius er himlens klareste stjerne. Den sidder i billedet "Store Hund", som trofast følger jægeren Orion på hans færd over himlen. Store Hund med Sirius befinder sig skråt neden for til venstre for Orion, og jeg har utallige gange ærgret mig over mine to store rødgraner, som ind i mellem tager udsynet til Sirius, når Orion dukker op over skrænten til naboen.

Store Hund ligner på papiret, det vil sige på stjernekortene, en barnetegning af en lavbenet gravhund, men på grund af skrænter, grantræer og havehække samt den kendsgerning at Store Hund aldrig rigtig kommer helt fri af min horisont, har jeg ikke med egne øjne set stjernebilledet Canis Major, som er den latinske betegnelse. Jeg nøjes med Sirius, der også hedder "hundestjernen" og for Ægypterne var hellig. Når Sirius steg op lige før solopgang omkring sommersolhverv varslede den nemlig, at Nilen var på vej til at stige op og dermed oversvømme markerne med livgivende mudder og vand. Nilen var ægypternes livsnerve og Sirius – eller Isis Stjernen – førte an for solen og Nilen. Grækerne lavede deres egen fortælling, hvor hunden ikke fører an, men tværtimod følger jægeren.

Orion, som vi kom fra, har endnu en hund, nemlig den "Lille Hund", der kun består af to stjerner, hvoraf den mest strålende er "Procyon"; den ligger over Store Hund i samme afstand fra Orion, og man finder den, hvis man forlænger de to skulderstjerner bagud. Mellem de to hunde – altså mellem stjernerne Procyon og Sirius er stjernebilledet Enhjørningen, som jeg aldrig rigtig har kunnet få øje på i min oplyste provinsby.

Indimellem kan jeg også få øje på stjernebilledet Haren – det ligger lige under Orion – og passer tilsvarende godt ind i jagtmotivet.

Vi har nu jægeren og hans to hunde på den sydvestlige vinterhimmel og de gør front mod en kæmpe Tyr. Dette stjernebillede springer ikke i øjnene på samme måde som Orion, man skal se lidt mere efter, men så kommer det også frem: nemlig et stort "Y" – jeg tror ikke på astrologi, men jeg er selv født i Tyrens tegn, så jeg er glad for at kunne finde stjernebilledet Tyren. At have et sted på himlen, som er knyttet til én selv, er slet ikke så dårligt. I en verden af fremmedgørelse er det en fornøjelse at kunne pege på nattehimlen og sige: det stjernebillede er jeg født i. Den mest markante stjerne i Tyren er Aldebaran, der er en endnu rødere stjerne end Betelgeuse og som den, er navnet af arabisk herkomst og betyder "følgesvenden".

Aldebaran kaldes også tyrens øje og sidder som et rødt øje i den nederste del af trekanten, der ender i to store horn. I bunden af Y'et findes en lille såkaldt åben stjerneklynge, der kaldes Hyaderne, og dem skal jeg komme tilbage til.

Det stykke vinterhimmel, jeg er i gang med at beskrive, er efter min mening den mest spændende del af hele stjernehimlen; den er så spækket med historier og har stjernebilleder med interessante former. Det er koldt og vinden suser i de to store grantræer og minder mig om skiture i Sverige. Jeg er glad for de to træer, naboen har ganske vist bedt mig om at fælde dem, men det vil jeg ikke. Selvom de tager lidt af solen om eftermiddagen og udsynet til noget af stjernehimlen, er de med til at give karakter. Sammen med den store ahorn mod nordvest, som naboen også vil have væk, fordi den sviner om efteråret med sin kulørte blade og helikopterfrø, giver træerne en ramme for himlen. De giver haven, skrænten og himlen karakter. Det er min *skyline* at se himlen imod. "Sludder", siger naboen med sin tysk accent, "de mo wech". Men han har heller ikke som jeg siddet aften efter aften og tegnet de to træer, som har givet stjernerne et tilhørsforhold til det sted, hvor jeg lever mit liv. Han har blot fejet op efter dem.

I aften sidder jeg og ser på Tvillingerne eller Gemini, som deres latinske betegnelse er. De er i karambolage med granerne, så jeg kun kan se den øverste halvdel af stjernebilledet. Måske er det mig, som ikke ser ordentlig efter eller måske er der generelt for lyst, men jeg synes, at det ofte er svært, at genkende de figurer, astronomerne tegner i deres bøger.

Jeg hørte engang en kok sige, at han havde på fornemmelsen, at forfatterne til mange de opskrifter, man kan finde i kogebøger, ugeblade og aviser ikke altid havde prøvet at lave maden selv. Jeg tror ind i mellem, at det samme gælder de professionelle astronomer. Er I sikre på, at stjernerne I taler om, stadig er der?

NILS ELMARK

Det bekymrer mig ikke lige nu, for jeg kan tydeligt se, at de to store tvillingestjerner Pollux og Castor stadig er der. Eller skulle jeg sige Castor og Pollux, for jeg er forvirret. Når jeg slår dem på nettet, står der næsten altid Castor og Pollux, men når man ser på er navngivet på stjernekort, står de i omvendt orden. Men det er heller ikke vigtigt. De bliver altid nævnt sammen og minder om Dupont & Dupond: hvem er den ene og hvem er den anden? Det samme gælder for Rosenkrands og Gyldenstjerne, de to junkere i Hamlet. Det er ikke helt klart, hvem der er hvem, men måske er det en positiv udfordring *ikke* at vide, hvad der er det rigtige og hvad der er det forkerte, når det rigtige svar er ligegyldigt. Jeg vil derfor udfordre læserne ved *ikke* at fortælle, hvilken af de to tvilling-stjerner der er henholdsvis Castor og Pollux.

Men denne vinter har det mest spændende ikke været at iagttage tvillingernes rejse hen over rødgranerne mod sydvest. Nej, det spændende har været Mars, som er rejst den modsatte vej gennem stjernebilledet. Mars er en rød planet og adskiller sig med sin farve tydeligt fra de andre, men den har ikke været eneste repræsentant for solsystemet i mit himmelafsnit. Saturn er også med på mine billeder. Saturn optræder som en naturlig del af stjernebilledet Løven, hvilket den ikke er.

Første gang jeg så Løven, sad jeg med et stykke drivtømmer i hånden. Jeg har opdaget, at min fornemmelse og følelse af mine skitser, påvirkes af de materialer, jeg bruger. Normalt sidder jeg med en billig blok fra en Tigerbutik, som ikke har noget imod, at jeg bruger fyldepen. Tegnepapir er ofte skidt til blæk, da det får blækket til at trække ud i papiret, men jeg kan godt lide at bruge blæk, for uden at blive for hysterisk og krukket er blæk mere autentisk. Bordet fanger, du kan ikke viske din første indskydelse ud. Med en blyant kan du rette på resultatet, flytte en stjerne, så den kommer til at sidde det rigtige sted og måske få et mere vellignende billede. Derved kommer jeg let til at tænke med blyanten; tankerne bliver ikke så bindende. Men når jeg tegner med min fyldepen eller ind i mellem en gammeldags pen, så er jeg nødt til at tænke med hovedet og gerne nogle træk længere frem. Det kræver mere mod i tegneprocessen, og som begynder, har jeg behov for mere mod. Men som sagt, sommetider, tegner jeg på noget helt andet. Jeg har en samling drivtræ fra stranden, som jeg indimellem maler mine stjernekort på. Det morer mig. Jeg synes, det ser godt ud, og det er tankevækkende, at det stjernebillede, jeg ser på nattehimlen, blive afbildet på et stykke træ, der på et tidspunkt er stået til søs og har flydt rundt mellem himmel og hav, indtil det med strømmen er bragt ind på land igen.

Da jeg første gang så Løven, havde jeg et stykke drivtømmer med en rusten bolt igennem og et mønster i årerne, der lignede himlen med drivende skyer. Løven er endnu et af de imponerende stjernebilleder, let at kende og markant i sin form. Den dukker op på himlen i øst ved juletid, og inden man går i seng juleaften, er den lige kommet fri af horisonten, og de kommende måneder bevæger den sig højere og højere op på himlen og følger Tvillingerne. Indimellem Løven og Tvillingerne er ganske vist Krebsen, men find den, hvis I kan! Løven ses som en fem eller sekskantet krop med et hoved som ligner en segl, altså et høstredskab, der også kan beskrives som et spørgsmålstegn, der vender den forkerte vej. Intet stjernebillede har en fornemmere historie end Løven. Lige fra begyndelsen af menneskehedens civilisation, har der fra Bagdad til Rom været enighed om, at Løven var en løve. Alle har kunnet finde en passende historie, hvor løven indgik som symbol.

Ægypterne tilbad Løvens stjerner, fordi solen steg op i Løven samtidig med, at Nilens vande steg op og oversvømmede markerne med frugtbarhed. Jøderne så Løven som Judæas Løve, der var Gud som bekæmpede det onde. Og når man ser på stjernebilledet og gerne vil have det til at ligne en løve, er det heller ikke svært. Den store segl minder om hanløvens imponerende manke. At Løven har været himmelsk standard i 4.000 år afspejler sig i navnene på dens stjerner. Den kraftigst lysende stjerne forrest og forneden på stjernebilledet er latinsk og hedder "Regulus", kongestjernen, der også kaldes for Løvehjertet. Den næste klare stjerne er latiniseret arabisk Denebola af "danab al-asad" som betyder "Løvens hale", og så kan man selv gætte, i hvilken ende af stjernebilledet, den stjerne sidder. Så mangler vi det græske tilhørsforhold, det kommer med "zosma", der på græsk betyder lændeklæde.

Jeg vil lige komme tilbage til Regulus, for kongestjernen er interessant af en anden årsag: den ligger nemlig lige på ekliptika, som er en usynlig bane, der går over himlen, en motorvej for alle vandrende stjerner og store himmellegemer. De færreste har formentlig tænkt over det, men månen, solen og planeterne krydser ikke tilfældigt rundt over himlen. Ingen har nogensinde set månen vandre gennem Karlsvognen eller Cassiopeia, men alle vil kunne se månen eller planeterne gå gennem stjernebilleder som Tyren, Tvillingerne, Løven og de øvrige af de 12 stjernebilleder i dyrekredsen. Det er fordi, de pågældende stjernebilleder befinder sig som baggrund for ekliptika, der ganske godt svarer til solens bane over himlen. Årsagen til at alle planeter i vort solsystem følger ekliptika er, at de alle ligger på samme plan, godt og vel. Prøv at svinge en spand vand rundt i luften, så danner man sin egen ekliptika – vand, spand, arm følges pænt ad, og sådan er det også i vort solsystem, der er fladt som en tallerken. Nogle planeter er tættere på en andre, men alle følger de samme bånd. Det betyder, at en stjerne som Regulus konstant ses i fornemt selskab af planeter, der kommer forbi eller går ind foran og skjuler den. At Regulus ligger tæt på ekliptika bidrager til, at man bedre kan orientere sig på himlen og i sidste ende føle samhørighed med Universet.

Den sommer jeg fulgte Mars og Saturn på deres tur gennem henholdsvis Tvillingerne og Løven gav det mening at kunne fornemme ekliptika og det system, som universet følger. Det er ikke sådan, at planeterne slavisk følger en rød tråd over himlen. De følger den kun nogenlunde, men at de gør det, får vi bevis for, når der er sol og måneformørkelser. Så mødes himmellegemerne på ekliptika.

Jeg ser desværre ikke altid stjernerne, når de gør deres sæsondebut. Hvis jeg havde mit eget observatorium på toppen af en bakke med frit udsyn, og i øvrigt al den tid i verden jeg kunne ønske mig, ville jeg nyde at se den fulde himmel folde sig ud året igennem. Men de muligheder har jeg ikke. Jeg bor neden for en bakke, og skrænten tager en del af udsynet mod sydvest og på den anden side af vejen står nogle høje bøgetræer, der ind i mellem tvinger mig op på skrænten med min blok; jeg har en gadelygte for enden af huset, der generer mit nattesyn og i øvrigt har jeg et almindeligt arbejde om dagen. Jeg er ikke professionel stjernekigger og vil aldrig blive det. Lige nu forsøger jeg blot at fylde det hul, civilisationen har skabt ved at fjerne den naturlige tilknytning til himlen, mennesker behøver for at være hele. Jeg kan ikke se Sirius, når den stiger op over horisonten lige før solopgang i september, og hvis jeg stod op klokken fem for at se det, ville det ikke øge min naturlige forbindelse til himlen. Det er ikke naturligt at stå op klokken 5 medmindre man skal på arbejde. Men i så fald ville jeg så gøre det.

Jeg tager ofte til Jylland i arbejdsmedfør og kører hjemmefra, mens det endnu er mørkt; og så glæder jeg mig over himlen og ser efter planeter, stjerner og stjernebilleder, jeg ikke har set før eller som jeg ser i nye sammenhænge. Jeg ser stjernerne, når de er der, og naturkræfterne kræver, at de bevæge sig ind i den himmelzone, som er tilgængelig for mig.

7-stjernen

Jeg kan huske, min farfar pegede på Syvstjernen. Hans farfar har sikkert gjort det samme. Det var bare noget bondedrenge kunne i slutningen af 1800-tallet, da min farfar blev født. Det har været standardviden i alverdens kulturer de seneste 4–5.000 år. Syvstjernen er en såkaldt stjernehob, som astronomerne kalder Plejaderne. Den ligger til højre for Tyren direkte ud til siden, og officielt er den en del af dette stjernebillede. Jeg har det med Syvstjernen, som jeg har det med Karlsvognen; de er selvstændige stjernebilleder, som skal have lov til at have deres egne liv. Eller måske er det lige omvendt, måske er Tyren en del af stjernebilledet Plejaderne? Den røde stjerne i Tyren med det arabiske navn Aldebaran, som betyder følgesvenden, følger selvsagt efter noget, og det noget er Plejaderne!

Syvstjernen er nem at finde, men der er ikke meget at tegne, 6 små blækprikker på papiret eller nogle flimrende pletter på nethinden, som er svære at tælle. Ikke desto mindre har den en fantastisk historie. Det fascinerende er ikke dens himmelske fremtoning, men de relationer den har skabt på jorden. Ifølge græsk mytologi er Plejaderne de syv døtre, Atlas fik med Pleione, og for grækerne var Plejaderne vigtige. Når de viste sig lige før solopgang i maj, var den stormfulde vintersæson forbi og søfolkene kunne stå til søs igen. Og når Plejaderne gik ned lige før solopgang i november, var det et varsel om, at vinterstormene var på vej, og det derfor var tid at trække skibene på land.

PÅ EVENTYR MELLEM HIMMEL OG JORD

Jeg har fundet det 2700 år gamle helteepos Odysséen frem. Det blev angiveligt skrevet af Homer og er en af den europæiske civilisations tidligste og mest berømte helteepos, der handler om Odysseus' ti års lange vej tilbage til Ithaka efter krigen mod Troja. Odysseus var sømand, og han styrede efter stjernerne. Hør hvad Homer skriver i 5. sang i Christian Wilsters oversættelse fra 1837:

Glad udspiled han sejl for vind, den ædling Odysseus
Agter han sad ved roret, og snildt som den øvede sømand
styred han frem; ej blund han fik i de vågende øjne
Såe til Pleiaderne op, til Boótes, som sildigen daler,
Såe til Bjørnen, som Himmelens vogn man også benævner
(hist den drejer sig om og fæster sit blik på Orion,
det er den eneste stjerne, som ej af Okeanos bades);
Denne befol ham gudinden, den vældige nymfe Kalypso,
Stadig at have til venstre på hele sin fart over havet

Dette er et forrygende flashback tre årtusinder tilbage! Teksten er skrevet samtidig med den danske bronzealder og fastslår Syvstjernens og de andre stjernebilleders betydning i græsk kultur. Odysseus styrede øst-nordøst efter Plejaderne og bønderne høstede efter den. Homers samtidige, Hesiod, skriver i sin Almanak for bønder *Værker og dage*:

Når Atlas døtre Plejaderne står op, kan du høste, og pløj igen, når de går ned.

Nu vil jeg lige tage læseren en smuttur til Bornholm, hvor jeg var ovre og se på helleristninger fra bronzealderen – hvilket jeg vil komme tilbage til – men jeg besøgte også øens eneste vinbonde. Han fortalte, hvordan man laver vin og hvilke betingelser, der skal til for at lykkes, når man udfordrer naturen ved at dyrke druer så langt mod nord. Vinbonden fortalte, at når man kommer til midten af maj, skal solen skinne, for så blomstrer vinen. Hvis det regner den 15. maj, bliver der ikke nogen vinhøst, for så bliver blomsterne ikke bestøvet, og bonden må gå ned i banken for at få forlænget kassekreditten. Er det tørvejr i midten af maj, er det nærmest ligegyldigt med vejret frem til september. Så skal solen til gengæld helst skinne og give druerne smag. Regner det også i september, kan man godt gå ned til banken igen eller håbe på EU-støtte til en dårlig vinhøst.

Tidligere på dagen havde jeg stået og kigget på opslagstavlen på Gæstgivergården i Allinge, hvor svalerne fløj frem og tilbage gennem porten. Her havde ejerne igennem 10 år skrevet op, hvornår de første svaler ankom: det gør de den 1. maj med en margin på 3 dage til hver side. De er der oftere før maj end efter, ifølge ejerens 10 års statistik.

Nu kommer Syvstjernen ind i billedet. På Hammersholm oppe på Nordbornholm inde i skoven, står en næsten tildækket sten, som bronzealder-mennesker har hakket syv skålgruber i. Folk ser den normalt ikke, den er ikke særlig spektakulær, man naturvejlederen viste mig den, da jeg fortalte, at jeg var på stjernejagt i klipperne. Hun fortalte også, at bronzealderfolket var agerdyrkere og at man har fuldet spor af bronzealdermarker på stedet.

Man skal passe på, ikke at overtolke tingene, men hvis de andre steder i Europa orienterer sig mod Syvstjernen, når de sejler og dyrker jorden, er dette en mulighed også på Bornholm. I det 21. århundrede står Syvstjernen herhjemme op i øst lige før solen i starten af juni. Men jeg har fået fortalt, at i bronzealderen stod Syvstjernen op lige før solen i slutningen af april. Den var altså en forårsbebuder sammen med svalerne! Om det har haft noget betydning for bornholmerne dengang, kan jeg ikke vide. De tre små begivenheder understreger blot, hvor delikat naturens balance er; svalerne kommer 1. maj og vinen blomstrer præcist to uger senere. Og kan man sin stjernehimmel, ved man, hvornår man selv skal engagere sig i naturens kredsløb. Måske har der stået en bondedreng som min farfar og ventet på, at Syvstjernen steg op over stenen med de syv udhulninger, for så var det forår og såtid eller måske tid til noget andet spændende.

I øvrigt myldrer det med referencer til Syvstjernen over hele verden. Kineserne nævner den første gang for 4.350 år siden og grækernes brug af syvstjernen som sejlstjerne deles af Maorierne i Stillehavet, hvor "Matarikis" opdukken på den tidlige nattehimmel i juni markerede starten på det nye år og sejlsæsonen. Biblen nævnet Plejaderne og japanerne bruger dem i logoet for Subaru bilen. Navnet betyder klynge, og hvis man kigger næste gang man går forbi en Subaru, vil man kunne se 6 stjerner på en blå baggrund, og jeg kan som japanerne faktisk heller ikke se mere end 6 stjerner i Plejaderne.

Er det ikke lidt mærkeligt! Den hedder 7 stjernen, men der mangler en stjerne? Det er et mysterium, ældre poeter og kunstnere har arbejdet med i århundreder: den tabte plejade, stjernen som forsvandt fra himlen for altid. Her et digt af William Gilmore Simms, en sydstats poet og forfatter, jævnaldrene med vor egen H.C. Andersen:

NOT in the sky,
Where it was seen
So long in eminence of light serene, –
Nor on the white tops of the glistering wave
Nor down in mansions of the hidden deep, ej heller I havets dyb
Though beautiful in green
And crystal, its great caves of mystery, –
Shall the bright watcher have
Her place, and, as of old, high station keep!

Spørgsmålet fascinerer mig: Har der engang været en 7. stjerne, som brændte ud? Eller er det blot fordi den ligner en miniature version af Karlsvognen. Syvstjernen, som jeg dog fortsat vil kalde den, gør ikke så meget væsen af sig selv på himlen, men den tætte klynge stjerner, er så speciel, at søhelte og bondedrenge i årtusinder over hele kloden har taget varsel af den lille konstellation. Den var folkelig og knyttet til dagligdagen og let genkendelig.

Vikingerne kendte selvfølgelig også til Syvstjernen, men de kaldte dem for Frejas Høns. Hvor dette navn nævnes første gang, ved jeg ikke, men jeg vil gerne tro på det. Historien går, at da nordboerne blev kristne, skulle stjernebilledet have et nyt navn, og det blev så til Marias Høns eller Maries Høns. Kirkerne blev også placeret på de gamle helligsteder for Odin og Tor, så logikken fejler ikke noget. Syvstjernen, Frejas og seneres Maries Høns, har siden givet navn til de små røde insekter "mariehøns" – de bærer stadig stjernerne på ryggen, og børnene sender dem af sted med et "flyv op til Vor Herre og bed om godt vejr".

Passer det ikke meget godt til en sejler- og bondestjerne?

En gave på himlen

Det er efterår og jeg er tidligt oppe og skal køre til lufthavnen. Inden jeg sætter mig ind i bilen, kaster jeg som sædvanligt et blik på himlen for at orientere mig, og pludselig ser jeg Orion. Det er et halvt års tid siden, jeg så den sidst. Med ét slag oplever jeg glæde. Den rammer mig uden varsel. Jeg bliver opstemt over at se det let genkendelige timeglas-formede stjernebillede. Der er du jo igen, gamle ven!

For andre må det lyde mærkeligt, at jeg bliver glad for at gense et stjernebillede. Men det gør jeg; jeg står længe uden for bilen og ser på *underet* Orion, tager min blok frem og tegner himlen over Byskolen.

Så kører jeg ud på motorvejen: Orion, hvor dejligt! Min verden er blevet vitaliseret; hele vejen til Kastrup føler jeg en glæde over trafikken, over at være part i livet, over at have et job og tage del i samfundet – at være med.

Jeg har for længe siden læst et citat fra Biblen, som jeg har skrevet ned i min notesbog uden at vide, hvad jeg skal stille op med det. Det gør jeg nu. Citatet stammer fra Jobs Bog, der er en af de ældste tekster i Biblen og forfattet for over firetusind år siden:

Han udspænder himlen ene, skrider hen over havets kamme, han skabte Bjørnen, Orion, Syvstjernen og Sydens kamre, han udøver ufattelig vælde og undere uden tal.

Dette er Jobs pris af Skaberens storhed: hvad kan vi mennesker dog præstere imod en Gud, som kan skabe himlen, stormen på havet og stjernenatten med sine storslåede billeder?

Betingelsen for at forstå mennesker før mig og deres forhold til himlen er, at jeg kan finde rundt blandt stjernerne på lige fod med dem. Det kan jeg nu for første gang i mit liv. Jeg indser på vej til lufthavnen, at jeg er nået frem til første station på min stjernerejse.

Den 10. oktober forstår jeg Jobs bog, sådan som den er skrevet for 4 årtusinder siden! Nu kender jeg natten som en viking på havet eller Odysseus i Ægæerhavet. Som Job kan jeg endelig fatte himlens storhed. Jeg er ikke astronom, men jeg har fået fjernet 100 års stjerneblindhed forårsaget af civilisationens strålende lys. Endelig er himlen blevet min.

Nu bliver ekspeditionen for alvor spændende.

Frigges Rok og Fenrisulvens Gab

Jeg er grebet af den nordiske astronomi. Der er kun ganske få skriftlige kilder, som fortæller om vikingenatten; Odins Karlsvogn, Leidarstjarna og Frejas Høns giver mig nogle lokkende glimt. Jeg vil gerne vide mere og ringer til professor Helge Kragh fra Instituttet for Vidensstudier i Århus, som sender mig videre til Ole J. Knudsen, der er chef for Steno Planetariet. Det var en god idé, for Ole J. Knudsen skaffer mig nye vigtige ledetråde og hans venlighed giver mig energi til at søge videre i sporet.

Snakken med Ole lærer mig, at Orion muligvis er blevet kaldt Frejas eller Frigges Rok, altså det redskab kvinderne i gamle dage spandt ulden med. Frigge eller Frigga var Odins kone, hun er Frejas alter ego og optræder i mytologien som "kone", hvorimod Freja i højere grad er Odins "elskede". Digteren Thøger Larsen har skrevet en roman "Frejas Rok" i begyndelsen af forrige århundrede, og ifølge Ole J. Knudsen refererer rokken eller tenen kun til de tre stjerner, vi i dag kender som "Orions Bælte".

Den svenske astronom og forfatter Peter Nilsson, skriver i sin bog "Stjernevejen", at et af de største fremskridt for nordboernes overlevelse var, da kvinderne lærte at spinde og strikke; nu kunne man lettere klæde børnene varmt på. Børnedødeligheden har været tårnhøj og den blev nedbragt med det *moderne* uldne strikkede tøj. Hvis vi vil forestille os, hvad nordboerne kaldte deres stjernebilleder, må vi forstå deres tilværelse. Hvis familien konstant gik rundt og frøs, og børnene døde af lungebetændelse, er den gudinde, der skaffer varmt tøj, hende vi gerne ser på himlen. Og Frigges Rok ser vi jo ikke om sommeren; vi ser den om vinteren, når det er koldt. Mændene gik rundt og slog hinanden ihjel, så kvinderne måtte tage affære og sørge for, at slægten fortsatte.

Jeg tror, der har været én stjerne eller et stjernebillede yderligere, som har knyttet sig til Freja, nemlig Brisingegamen; det var Frejas vidunderlige halssmykke, smedet af 4 dværge, som imidlertid krævede, at Freja skulle ligge en nat med hver af dem, hvis hun ville have halsringen. Det gjorde hun så! *Diamonds are a girls best friend.*

Jeg kan næsten ikke forestille mig, at Frejas smukke halskæde ikke fik sin plads i himlen. Alle vegne oplever man, at stjernerne sammenlignes med juveler, sammenligningen er så oplagt.

Hør blot dette vers fra digtet D*en tyrkiske Skønhed*, skrevet i Persien af digteren Hafiz nogenlunde samtidigt med, at historien om Frejas smykke blev til i Norden. Digtet fik jeg tilsendt af en nulevende persisk digter, Arash S. Abdi, som jeg mødte på min vej under stjernerne og som jeg vil præsentere længere fremme i historien:

Du lod perlen blive til, afrundet i din ghazal
Kom, kom og læs den i en mild tone, Hâfez!
Da himlen skaber på dit versemål og rim
syvstjernens halskæde, plejadernes kreds.

Måske har Brisingegamen været Syvstjernen her eller måske har nordboerne set den som et ravsmykke. Rav er omtalt som Frejas tårer, og så kan smykkestenen eventuelt være en af de røde stjerner på himlen; min fantasi er løbet løbsk for mig i efterårsnatten, men det er den fortryllelse, som rammer mig, når jeg sidder stille i mørket længe nok.

Der er et andet stjernebillede, Lillebjørnen, som er det nordligste overhovedet. Det starter med Nordstjernen og ligner Karlsvognen, blot er vognstangen bøjet den modsatte vej. Jeg har læst det omtalt som Kvindevognen – altså modstykket til "Karlsvognen" – men jeg har også læst Lillebjørn omtalt som en trone. Det giver også god mening. De gamle håndskrifter fortæller, at Odin sad på sin trone med ravnene Hugin og Munin ved sin side; de fløj ud i verden for at se, hvad der skete, og kom tilbage og hviskede deres efterretninger i Odins øre. Findes der noget bedre sted at overvåge Verden end fra en trone ved siden af ledestjernen?

Jeg begynder, at få stykket en anvendelig nordisk himmel sammen. Det er den spændende sydlige og vestlige vinterhimmel, som om aftenen rummer eventyrerne. Det er Frigges Rok, Frejas Høns, Karlsvognen, Odins Trone eller Kvindevognen, Leidarstjarna og min egen Brisingegammen. Planeten Venus skulle de gamle nordboere efter sigende have kaldt "Frejas Stjerne" eller "Friggestjerne", hvilket er en direkte oversættelse fra én religion til en anden. Venus er kærlighedens gudinde i Rom.

Sirius, som er nattens kraftigste stjerne, er blevet nævnt som "Lokebrenna" altså Lokes fakkel. Loke forsøgte i øvrigt at stjæle Frejas Brisingegammen og hans lys er uheldsvanger. Vikingerne havde også en stjerne der hed " Aurvandils Tå", om end det heller ikke her er helt klart, hvor den findes på himlen. Historien fortæller, at Tor bar Aurvandil på ryggen i en kurv en kold vinter, men hans tå stak udenfor og blev så forfrossen, at Tor rev den af og smed den op på himlen, hvor den måske blev til "Morgenstjernen". I hvert fald refererer det gamle engelske ord "Earendel" til Morgenstjernen, altså Venus. Vikingerne vidste ikke, at Morgenstjernen og Aftenstjernen var den samme. Man troede det var to forskellige stjerner

Næste stop på den nordiske himmel er bunden af Tyrens Y-gaffel, hvor vi finder Hyaderne, som ifølge grækerne var halvsøskende til Plejaderne eller Syvstjernen, dem som vikingerne kaldte Frejas Høns. Men nu kan vi godt glemme alt om grækere og høns, for her følger en fantastisk historie, der fremover vil rulle sig ud for mine øjne hver en klar vinternat. Det var Ole J. Knudsen, der fik mig i gang, og han er ikke klar over, hvad hans omtale af *"vargkäften"* – ulveflaben – er kommet til at betyde for mig.

Vølvens fantastiske Fortælling

Den åbne stjernehob, der med fem ikke særligt kraftige stjerner danner et V i bunden af Tyrens Y-gaffel, kaldte vikingerne for "Fenrisulvens gab" eller "Vargkäften". Og da jeg vil vide mere om det, må jeg til de gamle håndskrifter og læse fortællingen Vølvens Spådom. Den er på islandsk og nedskrevet i 1200-tallet af høvdingen Snorre Sturluson efter at historien var gået fra mund til mund i hundredvis af år. Det kan en historie godt overleve. For når man mangler papir, husker man bedre. Eller måske har Sturluson selv læst historien i længst forsvundne skrifter.

Vølvens Spådom er en beretning om, hvordan verden blev skabt, hvordan den engang vil gå under og atter genopstå. Det er fortællingen om livet. Vølvens Spådom, på oldnordisk Völuspá , er blevet oversat af mange digtere i årenes løb, men jeg er faldet for Susanne Brøggers gendigtning fra 1998. En Vølve er en respekteret spåkvinde, der synger om fortiden og fremtiden og formidler kontakten til guderne, og jeg synes, at Suzanne Brøgger er en værdig repræsentant for denne nordiske vølve i det 21. århundrede. Jeg så hende i fjernsynet i sort læderjakke, sårbar og cool, hun rørte mig dybt. Her er et uddrag af Vølvens Spådom i Brøggers pen:

Den morgen verden vågned
af urtids intet
var der hverken sand eller sø
ingen kølige bølger
jorden fandtes ikke
himlen fandtes ikke
gab og gold tomhed
intet græs

...

Solen kom sydfra
søster til månen
på vej langs himmelranden
for at finde sin plads
Solen vidste ikke
hvor den skulle være,
stjernerne sad
ikke så sikkert
månen vidste ikke
hvad månemagt var.
Da gik de højeste
og helligste
til tinge
de drøftede
ved domstolen
og gav naturen navne
De nævnte natten
morgen og middag
eftermiddag og aften
og talte år.

I Biblen er det Gud, som egenhændigt skaber verden over 6 dage, men læs selv: I Norden mødes guderne på tinge, det vil sige Altinget på Thingvalla sletten på Island, og drøfter naturen ved domstolen. Det er forrygende: Den nordiske verdensopfattelse blev skabt gennem en demokratisk proces; vor demokratiske tradition skal ikke hentes fra Grækenland; den er helt vor egen.

Men Vølvens Spådom handler altså også om jordens undergang:

Solen sortner
Jord synker i hav
De lyse stjerner slukkes på himlen
Ildebrande raser
Mod arnens bål
Høj hede spiller
Mod himlen selv

I Vølvens Spådom bliver solen og månen slugt af ulve. Det er starten på Fimbulvinteren, en vinter der varer 3 år i træk uden sommer og skaber katastrofe på jorden:

Brødre kæmper og dræber hinanden
Søskende børn begår usædelighed
Verden er fuld af hordom
Øksetid – Sværdtid – Skjolde kløved
Vindtid – Ulvetid
Før verden går under skal ingen mand
skåne hinanden

Verden går under i ragnarok, en gigantisk strid mellem guder og monstre, hvoraf ét af dem er Fenrisulven, hvis kæft vi nu har lokaliseret på himlen i bunden af Tyren. Fenrisulven er grusom i sin magt, men den har stået bundet i Gudernes bolig, Asgård, lige siden den blev lokket i fangenskab af krigsguden Tyr, der i forsøget ofrede sin højre hånd, sværdhånden.

Fenrisulven har to sønner, Hate, der betyder den, der hader, og som forfølger månen, og Skall, som forfølger solen. Når disse to ulve lykkes med deres forehavende indtræffer Fimbulvinteren. Så slukkes himlen, solen bliver sort og stjernerne forsvinder.

Det er skurken Loke, hvis fakkel "Lokebrenna", vi måske har identificeret som Sirius, der slipper Fenrisulven fri af sin lænke. Så begynder vanviddet. Odin angriber Fenrisulven men mister livet i forsøget, og sønnen Vidar må hævne sin far og dræber ulven. Tor dræber den frygtelige Midgårdsorm, men dør selv efterfølgende af sine sår. Verden drukner i blod.

Når jeg læser Vølvens Spådom, står jeg tilbage med billeder af Det 3. Riges fald i Berlin i 1945. De vanvittige og meningsløse kampe i ruindyngerne, billederne fra koncentrationslejre med skeletmennesker. Eller jeg tænker på nyhedsreportager fra borgerkrige i Afrika – i Rwanda, Darfur, Congo – udsultede børn, børnesoldater, der slagter værgeløse familiefædre, kvinder der voldtages af bestialske soldater, fortabte mennesker med grufulde machetesår.

Jeg bliver ulykkelig. Ordene er forfærdelige:

Brødre kæmper og dræber hinanden
Søskende børn begår usædelighed
Verden er fuld af hordom
Øksetid – Sværdtid – Skjolde kløved
Vindtid – Ulvetid
Før verden går under skal ingen mand
Skåne hinanden

Vølven skildrer verdens undergang, som om hun allerede havde oplevet den!

Og det tror jeg hun har!

I en radioudsendelse hørte jeg tilfældigt om en begivenhed i år 536 der tilsyneladende skræmte livet af nordboerne og fik dem til at ofre deres dyrebareste skatte til guderne. Det meste fortidsguld, som er fundet i jorden, er nemlig gravet ned i midten af det 6. århundrede.

PÅ EVENTYR MELLEM HIMMEL OG JORD

Jeg søger videre for at afdække, hvad der foregik i år 536. Der står ganske lidt. Men jeg læser, at videnskabelige undersøgelser af gamle egetræer i Irland viser, at vækstbetingelserne i 536 og de efterfølgende år var så ringe, at træerne i en 3-års periode slet ikke voksede. Historikeren Prokopios fortæller, at i 536 sås et frygteligt tegn på himlen, solen skinnede uden lys og varme og efterfølgende var der ingen ende på døden, skabt af hungersnød og borgerkrige. Tilsvarende meldinger er kommet fra Kina, Mesopotamien og Italien. Undersøgelser af indlandsisen viser, at atmosfæren i årene 536 til 539 har været fuld af støv og aske, og mange forskere er overbeviste om, at jorden i 536 blev ramt af et meteor, hvis nedslag medførte, at den nordlige halvkugle de kommende år blev indhyllet i et sort dækken, der forhindrede sollyset i at trænge igennem. Det, som under den Kolde krig blev kaldt Atomvinteren – vinteren efter krigen.

Fenrisulven var sluppet fri.

Hårene rejser sig på kroppen af mig, da jeg indser, at det, som Vølven fortæller i sin Spådom, slet ikke er et fremtidsscenario. Det er en øjenvidne skildring fra en naturkatastrofe, der indtraf i det 6. århundrede og truede med at udslette livet på jorden. Det er resultaterne af dette meteornedslag, Vølven skildrer i sin sang.

Historien om denne katastrofe er gået fra mund til mund i århundreder, indtil islændingen Snorre Sturluson skriver den ned i det 13. århundrede. Detaljer er gået tabt, men det nordiske folk har alligevel fastholdt den ufattelige begivenhed: at en vinter varede i 3 år, at solen mistede sin varme, og at stjernerne forsvandt fra himlen. Vore forfædre fik sat en skræk i livet, som satte sig i folkesjælen. De havde snuset til Jordens undergang; nu kendte de konsekvenserne, hvis Skall og Hate fik held med deres forehavende om at æde solen og månen, og Loke slap Fenrisulven løs. Begivenheden skrev de i stjernerne. Som grækerne lod deres guder boltre sig på himlen, sådan lod også nordboerne deres guder udfolde sig i den klare vinternat.

Vi har kun få usikre brikker tilbage af puslespillet: "Vargkäften", "Lokebrenna", "Frejas rok", "Friggestjernen", "Frejas Høns" og "Odinsvognen", men det er også nok til at, vi kan forstå den lektie, som vore forfædre lærte for snart halvandet årtusind siden: Når vi bliver glemt af guderne, er menneskeheden truet af undergang.

Med denne nye indsigt er mit syn på stjernenatten blevet forandret for altid. Himlen gemmer på en hemmelighed, som jeg har fået lov at se, og som minder mig om livets skrøbelighed – og sejghed. For der er en fortsættelse. Vølvens Spådom slutter ikke med Ragnarok. Gudernes Krig dræber ikke alt liv. Nogle af guderne slipper igennem vanviddet med livet i behold, og to af menneskeslægten, Liv og Livtraser, kommer frem fra deres skjul i skoven, hvor de har levet af duggen på bladene. Sammen skaber de menneskeslægten på ny.

Vølven synger videre:

Da vil usået sæd spire,
bitterhed bedres
Balder vil komme til Hød
og Odins sønner vil således søge
alting sonet.

Ud af Berlins kældre kommer nye generationer tilbage i solskinnet, fra kz-lejrenes helvede stavrer de overlevende ud til et nyt liv i frihed, og de pinte afrikanere rejser sig igen fra deres undertrykkeres ugerninger til en ny menneskeværdig tilværelse

Jeg vil slutte af med dette vers fra Vølvens Spådom, som det står skrevet på islandsk:

Sér hon upp koma
öðru sinni
jörð ór ægi
iðjagrœna;
falla forsar,

*flýgr örn yfir,
sá er á fjalli
fiska veiðir.*

Som skandinav kan man stadig følge den 800 år gamle tekst ned i Suzanne Brøggers danske oversættelse.

*Jeg ser nu
jorden stige
igen af havet
evigt grønt
Fosser falder
ørnen flyver
over fjeldet
jager fisk*

Den afsluttende kommentar til dette vers og Vølvens Spådom overlader jeg til Vigdís Finnbogadóttir, der var Islands præsident fra 1980 til 1996:

Alt hvad de sansede, da de var kommet her til det høje Norden, er sammen med deres særegne viden og arv gået i blodet på os efterkommere, og forbundetheden bliver så meget desto stærkere gennem det sprog, som de betroede os og pålagde os at holde i hævd på den europæiske kulturs yderste skær. Vølvens spådom er bevaret på det sprog jeg forstår bedst af alle verdens sprog. I dette guddommelige digt bruges der forskellige vendinger, som jeg blev fortrolig med på skødet af min bedstefader, der talte det smukkeste islandske jeg har hørt. Jeg erindrer ikke, at det overhovedet er blevet nævnt, at jeg skulle lære hvorfra de smukke ord og de frodige talemåder stammede, men efterhånden som jeg voksede op og stødte på digtet Vølvens Spådom, kom det mig hver gang i møde som en god gammel ven. Ved i lyrisk form at fremstille verdens forgængelighed på realistisk vis, samtidig med at det uden omsvøb godtgør, at der altid vil være lys forude, uanset hvor sort det ser ud, rummer det en ind-

sigt, som vi mennesker tørster efter at tilegne os. I den afsluttende strofe dukker selve det positive livssyn frem af havet:

"Smukkere er der aldrig blevet digtet på nordisk", slutter Finnbogadóttir.

Shakespeare og den nye astronomi

Hung be the heavens with black, yeld day to night!
Comets importing change of times and states
Brandish your chrystal tresses in the sky
And with them scourge the bad revolting stars
that have consented to Henry's death
King Henry the fifth, to famous to live long
England never lost a king of so much worth

Sådan starter Shakespeare sit skuespil Henrik V, hvor John Beaufort forbander kometer og stjerner for at tillade døden på hans konge. Hvordan kan dagen være lys efter sådan et tab?

Store digtere og kunstnere har en elegant evne til at afspejle deres tid på en måde, som overgår, hvad videnskaben formår. Hvad forskerne måler og vejer og beskriver i tykke bøger, kan den følsomme forfatter og kunstner skildre med nogle få sætninger eller skuespilleren med et enkelt blik.

Jeg har derfor med stor glæde fundet min Shakespeare frem, inspireret af den danske skuespiller Lars Mikkelsen, som en efterårsaften betog mig, da han spillede Julie på balkonen, balancerende på en trappestige i vaskestuen på Kronborg. Jeg leder efter spor i renæssancens måde at tænke på, så jeg kan fornemme, hvad mennesker som mig følte, når de så stjernerne på himlen.

Indledningen til Henry V giver mig kuldegysninger; den minder om H.W. Audens digt fra 1936, Funeral Blues, som de fleste kender fra filmen "Fire bryllupper og en begravelse" hvor Matthew, spillet af den skotske skuespiller John Hannah, begræder tabet af sin elskede Garreth.

Stop all the clocks, cut off the telephone,
Prevent the dog from barking with a juicy bone,
Silence the pianos and with muffled drum
Bring out the coffin, let the mourners come.

Let aeroplanes circle moaning overhead
Scribbling on the sky the message He Is Dead,
Put crepe bows round the white necks of the public doves,
Let the traffic policemen wear black cotton gloves.
He was my North, my South, my East and West,

My working week and my Sunday rest,
My noon, my midnight, my talk, my song;
I thought that love would last for ever; I was wrong.

The stars are not wanted now: put out every one;
Pack up the moon and dismantle the sun;
Pour away the ocean and sweep up the wood,
For nothing now can ever come to any good.

Audens har skrevet et blændende digt, måske inspireret af Shakespeare; de formidler begge en sorg så stor, at hele fundamentet for liv – universet med sol, måne og stjerner, ikke længere har værdi. Her er to mennesker, der med 350 års mellemrum deler syn på universet, livet og døden.

Shakespeare indikerer i indledningen, at kometer og stjerner har indflydelse på menneskers liv i slutningen af 1500-tallet. Det er i hvert fald en del af Shakespeares sprogbrug og hans skuespil myldrer med sol- og måneformørkelser, planeter og stjerner, som står godt og dårligt for menneskene underneden. I Julius Cæsar bortforklarer Antonius sit nederlag med, at stjernerne var imod ham, og hans ultimative fald blev skabt af en måneformørkelse. Under de vilkår, hvordan kan en mand så lykkes?

Romeo & Julie omtales som "star crossed lovers", altså elskende som stjernerne modarbejder. Men Shakespeare og hans samtidige, har ikke opgivet indflydelsen på deres eget liv på grund af stjernerne. Da Romeo hører om Julies død, skriger han: *"Then I defy you stars"* – "Så udfordrer jeg jer, stjerner", hvilket Beaufort også gør i Henrik V efter kongens død.

I King Lear akt 1 scene 2 siger Edmond:

This is the excellent foppery of the world: that when we are sick in fortune – often the surfeits of our own behaviour – we make guilty of our disasters the sun, the moon, and stars, as if we were villains on necessity, fools by heavenly compulsion, knaves, thieves, and treachers by spherical predominance, drunkards, liars and adulterers by an enforced obedience of planetary influence.

[*Dette er verdens strålende narreværk: når vi er syge i lykken – ofte som følge af vore egne handlinger, skyder vi skylden for vor ulykke på månen og stjernerne, som om vi var skurke af nødvendighed, tåber af himmelsk krav, knægte, tyve og forrædere af sfærernes forsyn, drukkenbolte, løgnere og utro som følge af en lydighed, der er blevet påtvunget os af planeterne.*]

Tydeligere kan det ikke siges. Hvis nogen skulle have været i tvivl, så mener Shakespeare ikke, at livet bliver styret af himmellegemer. Og jeg er sikker på, at almindelige mennesker i renæssancen var enige. Det er netop i renæssancen, at troen på et forudbestemt liv bliver udfordret. At verdenssynet forandres – "I defy you stars".

Det har jeg fået bekræftet i håndskriftssamlingen på det Kongelige Bibliotek, hvor de har et horoskop udarbejdet af Tycho Brahe til kong Frederik den 2.s søn, Hans. I forklaringen til tabellerne skriver Tycho Brahe – faktisk, er det en af hans assistenter, som fører pennen – at astrologien og horoskoperne er pålidelige ledetråde, men eftersom menneskets frie vilje ikke er underlagt stjernerne, er det muligt at ændre den udstukne kurs. Med en udstukken kurs kan man tage sine forholdsregler – for naturligvis står Gud over stjernerne.

I renæssancen så man på stjernerne med respekt, men ikke med frygt. Men man så op på himlen og jeg tror, jeg har gjort en opdagelse:

> Last night of all
> When yond same star that's westward from the pole
> had made its course to illuminate that part of the heaven
> where now it burns, Marcellus and myself
> the bell then beating one

Ovenstående citat er fra 1. akt i Hamlet, hvor soldaten Bernardo omtaler en strålende stjerne, vest for Nordstjernen. Men hvad er det for en stjerne?

Jeg er gået ned til Kronborg "Tis bitter cold", som Bernardo siger et andet sted og jeg står og kigger op på Cassiopeia, for det er i den retning, jeg tror Bernardo har peget. Den afdøde professor TJB Spencer skriver i noterne til Hamlet, "at en soldat på vagt følger stjernerne og deres skiftende placering, som timerne går". Spencer har sikkert ret, men jeg tror, at stjernen er meget mere interessant end som så. Jeg tror nemlig, at Bernardo refererer til Tycho Brahes "nye stjerne".

Denne nye stjerne havde vakt opmærksomhed i hele verden, dens opdager havde i næsten et kvart århundrede haft Europas førende observatorium inden for synsvidde af Kronborg, hvor Hamlet foregår; og Shakespeare har, som den stjerneelsker han var, kendt til danskeren Tycho Brahes opdagelse. Han har efter min mening indlagt den i starten for at give stykket lokalkolorit.

Shakespeare har også indskrevet to danske hofmænd Rosenkrands og Gyldenstjerne i Hamlet-stykket, og de er fætre til Tycho Brahe. Der er så mange indicier, som peger på, at Shakespeare havde et indgående kendskab til den danske astronom.

Den engelske Kong James, der efterfulgte Elisabeth i 1603, var Shakespeares mæcen og James, der var gift med danske Anne, besøgte Hven den 20. marts 1590 og var imponeret af Tycho Brahes værk. Et engelsk teaterselskab var i Helsingør i 1585-86, hvor de optrådte for Frederik 2., hvilket i øvrigt skabte så meget postyr i byen, at staden Helsingør bagefter måtte bekoste 4 skilling til reparation af et rækværk, som folk rev ned i deres iver efter at overvære forestillingen. Tre af skuespillerne i denne trup blev siden medlemmer af Shakespeares eget teater kompagni The Chamberlain's Men. Endelig var Shakespeare gode venner med astronomen Thomas Digges, som havde et godt kendskab til Brahe. Så jeg tror ikke, at verdens bedste skuespilforfatter introducerer en tilfældig stjerne, som han gør sig den umage at placere på himlen. "The star westward from the pole" er efter min overbevisning Tychos Supernova fra 1572.

Og her den 11. november, på årsdagen for den nye stjernes opdukken, står jeg midt om natten på ydersiden af voldgraven, med det gamle skibsværft i ryggen og oplever det hele en gang til. Kronborg står oplyst foran mig, Cassiopeia på himlen, Ophelia og Hamlet ved siden af mig. Og henne ved vandposten kan jeg lige skimte William, der som en skygge glider forbi med sit teaterkompagni.

Mars i retrograd

Jeg har gjort en forunderlig opdagelse. I vinterhalvåret har jeg aften efter aften siddet og tegnet skitser af Tvillingerne, efterhånden som de har arbejdet sig hen over rødgranerne på skrænten mod det store ahorntræ i vest, der nu er sprunget ud i silhuet mod den lyse sommerhimmel. Undervejs har jeg kunnet konstatere – naturligvis – at Mars ikke er på samme placering; den vandrer gennem Tvillingerne. På et halvt år er Mars rykket et godt stykke mod øst og jeg beslutter mig for at samle alle mine skitser og tegne Mars' rute ind på mit kort.

Jeg tegner Mars ind på en kalke, der er lagt oven på en shellak tegning af Tvillingerne med Løven til venstre. Til at begynde med går det, som det skal. Fra september til november rykker Mars et godt stykke mod øst. Planeten følger sin bane i ekliptika fint. Men fra november til december sker der noget. Nu står Mars helt stille!

Jeg må have gjort en fejl og set forkert, da jeg tegnede. Jeg slår op i Naturkalenderen og opdager, at her holder Mars også sin plads uden at flytte sig. Jeg fortsætter med at tegne bevægelsen fra december til januar, og her går det helt galt. Nu trækker Mars sig tilbage mod vest igen og i begyndelsen af januar er Mars på samme sted, hvor den stod for tre måneder siden. I februar rykker Mars endnu et stykke tilbage, så den står på samme sted som i slutningen af september, blot en anelse lavere. Fra februar til marts rykker Mars atter mod øst, som den skal. I april er den inde midt i Tvillingerne, i maj er den kommet gennem tvillingerne, i juni har den fortsat sin tur væk fra Tvillingerne og er på vej ind i Løven, hvor den i juni ses side om side med Saturn, der for sin del ikke laver nogen krumspring, men stille og roligt bevæger sig mod øst.

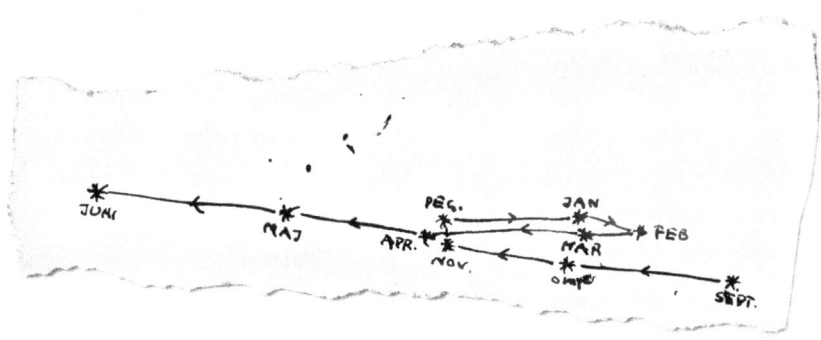

Jeg studerer Mars' rute på papiret. Planeten har lavet en sløjfe hen over himlen. Det fatter jeg ikke en brik af. Jeg kontrollerer det hele med hjælp fra kalenderen. I hovedtræk er min tegning i overensstemmelse med de professionelles angivelser. Jeg er ophidset over det, jeg lige har opdaget. At studere himlen er en meditativ beskæftigelse; ser man bort fra stjerneskud indtræder der sjældent overraskelser. Men nu sker det noget!

Det er som at kigge på sit ur og opdage, at viserne går den forkerte vej, eller se en solnedgang, hvor solen pludselig beslutter sig for at give menneskeheden et par ekstra lyse timer og derfor vandrer tilbage på himlen igen. Den fornemmelse havde jeg, da jeg sad med min tegning.

Jeg var et eller andet sted godt klar over, at Mars ikke vender om og laver et loop, så havde Newton levet forgæves. Men jeg havde absolut ingen ideer til, hvad jeg havde været vidne til.

Tænk selv over problemet: Hvordan kan det være, at Mars pludselig laver et loop?

Som alle moderne mennesker, går jeg på nettet og ser, hvad der kommer op. Jeg er ikke den første, som undrer sig over fænomenet med Mars, der løber den forkerte vej. Begrebet hedder *retrograd*. De gamle grækere havde også bemærket det, og den antikke forklaring var, at planeten i sin rejse rundt om Jorden (Solen) ind i mellem stopper op og foretager en mindre cirkelbevægelse, en epicirkel, som om den går i kredsløb om sig selv. Jeg kan afsløre, at dette er forkert. Mars følger sin bane slavisk rundt om solen og lever op til alle fysikkens love: Den laver ingen epicirkel-bevægelser. Men med mindre man ved det, kommer løsningen ikke af sig selv. Her er hvad jeg faldt ud af: Det, jeg og de gamle grækere studsede over, er i virkeligheden et optisk bedrag. Retrograd kan sammenlignes med det fænomen, man oplever, når man ser atletikkonkurrencer i fjernsynet. Når 400 meter løberne går ind i sidste sving, kan vi udsættes for et tilsvarende optisk bedrag. Atleten på yderbanen går først ind i svinget, og han ser ud til at være hurtigst og forrest; men løberen på inderbanen, der ser ud til at være bagefter, skal løbe en kortere tur i svinget, og overhaler på et tidspunkt sin konkurrent indenom. Det ser ud, som om han overhaler sin modstander i svinget, men sagen er, at han har løbet hurtigere hele tiden.

Det er nogenlunde det, der sker med Mars i retrograd; Jorden overhaler Mars indenom, hvilket får det til at se ud, som om Mars først står stille og siden bevæger sig den forkerte vej. Denne begivenhed indtræffer med 2 år og 2 måneders mellemrum for Mars, og jeg var heldig at opleve det første gang, jeg begyndte at følge Mars. Retrograd bevægelse sker oftest for Mars, fordi den er tættest på jorden og kører hurtigere end de to øvrige planeter på ydersiden, Jupiter og Saturn, der altså også går i retrograd, blot ikke så ofte.

Dette er ingen lærebog, men måske skal jeg lige opridse vores solsystem: Aksen i hele urværket er solen, og om den kredser 6 synlige planeter.

1. planet: Merkur er den hurtigste, det er gudernes budbringer, som blot er 88 dage om at komme rundt om solen. Den lader sig kun se som morgen- og aftenstjerne.

2. planet: Venus, skøn og strålende som ingen andre. Hun behøver 222 dage for at foretage sin rejse om solen, og lader sig som Merkur også kun se som morgen- og aftenstjerne.

3. planet: er vores egen Jord, blå og dejlig beriget med et mylder af liv og lige det rigtige sted at leve. Omløbstiden er som bekendt lidt over 365 dage. Omkring jorden kredser månen.

4. planet: Mars er rød og på grund af sin farve er tilskrevet krigsguden; af astrologer repræsenterer den mændene. Den er 960 dage, altså næsten 3 år, om at foretage sit omløb.

5. planet: Jupiter er gul og klar, og tilskrives alt det gode; den er blevet min planet og jeg glædes mere og mere over den. Den er 12 år om at komme rundt om solen og har 4 synlige måner.

6. planet: Saturn: Den sidste man kan se med det blotte øje; dens omløbstid er 30 år, så den flytter sig blot 12 grader om året. For mindre end 400 år siden, da man stadig betragtede jorden som centrum og regnede månen og solen som planeter, var Saturn den 7. planet. Og når man kom forbi den, var man i den 7. himmel

På flere sprog har de 7 planeter givet navn til ugedagene, herhjemme er det kun mandag og søndag, som har planetnavne. Det er disse 6 bolde, der svinges rundt om solen holdt fast af en usynlig snor, der dannes af tyngdekraften balanceret op mod centrifugalkraften. Og hvis man skiller sig af med vante forestillinger om tid og rum og øver sig, kan man få den vidunderlige oplevelse at være passager i 3. dimensioner på den bedste af alle planeter, hvorfra man frit kan se alle de kloder køre inden og udenom én på solsystemets store atletikbane.

Jupiter og Galilei

Jeg er faldet for fristelsen og har købt en stjernekikkert. Oprindeligt var det ikke min hensigt at dope mig med præstationsfremmende midler, jeg var tilfreds med at se på himlen med det blotte øje, men min lokale Netto havde stjernekikkerter på tilbud til 199 kr., og så kunne jeg ikke dy mig. I en uge med sommerregn har den stået unyttig hen i et hjørne af stuen, hvor vi er faldet over dens lange strittende ben. Jeg har købt min kikkert med et eneste mål for øje: Jeg vil se Jupiters måner. Det er nærmest blevet en besættelse; jeg har ikke set, hvad jeg skal se, før jeg har set Jupiters måner. Er de da vigtige? Ja, det er de. Det var selveste Galileo Galilei, der den 7. januar 1610 som det første menneske satte sin hjemmelavede kikkert for det ene øje, og rettede den mod Jupiter. Her opdagede han, at Jorden ikke var den eneste planet, der havde måner. Første nat så han tre måner på stribe, som han i begyndelsen troede, var stjerner. De følgende nætter så Galilei, at de tre "stjerner" skiftede position, hvilket fiksstjerner ikke kunne, og den 10. januar noterede han, at den ene "stjerne" var forsvundet, hvilket han tilskrev, at den var bag Jupiter. Allerede i løbet af den første uge kom Galilei til den konklusion, at de tre lysprikker omkring Jupiter ikke var stjerner, de var måner i kredsløb om planeten. Den 13. januar opdagede han den sidste af de fire synlige måner.

Jeg vil se, hvad Galilei så i begyndelsen af det 17. århundrede, og den 20. juli kl. 23.30 er himlen skyfri og Jupiter stråler gul og klar i syd over naboens grantræ. Jeg retter kikkerten ind mod planeten, og så følger 10 minutters hurlumhej, hvor jeg forsøger at fange Jupiter i okularet. Det er slet ikke let, planeten danser frem og tilbage i linsen, men efterhånden får jeg styr på perspektivglasset, som en af Galilei's samtidige astronomer, Thomas Digges kaldte datidens kikkert, og jeg får Jupiter til at stå stille. Jeg begynder at stille skarpt, taber igen planeten af syne, og så lige med ét er den dér:

Jupiter står rund og klar med sine fire måner.

Månerne er placeret som to lysprikker på hver side af den runde Jupiter. De to måner til højre sidder rimelig tæt sammen, mens de to til højre er længere ude og mere adskilt. Jeg ser ned i kikkerten igen, og Jupiter og dens fire måner er der stadigvæk, selvom de har rykket sig til højre. Jeg er i tvivl om, hvorvidt det skyldes min discount-kikkert, der ikke kan holde stillingen eller om Jupiter & Co. blot har flyttet sig i deres bane i mellemtiden. Jeg griber et stykke papir og tegner hvad jeg har set: "De to måner til højre og den første måne til venstre er godt og vel lige langt ude fra Jupiter og den sidste til venstre er godt og vel dobbelt så langt ude". Jeg gentager det for mig selv; sagen er nemlig, at jeg ikke kan se på Jupiter og skrive samtidigt. Jeg er nødt til at knibe det ene øje i, og se ind i kikkerten ude på den mørke terrasse, og så gå hen til lyset fra stuen og tegne, hvad jeg har set.

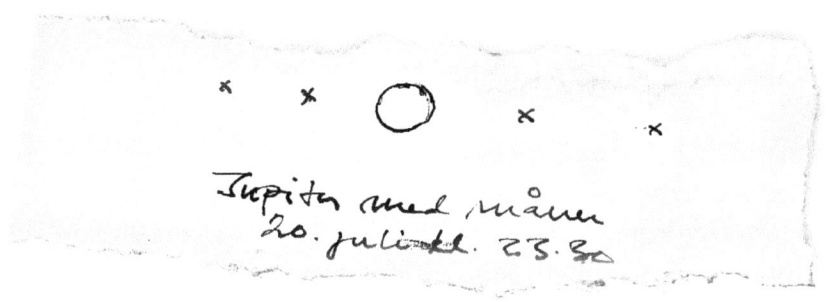

Jeg er glad for mit notat og dét, jeg lige har set i min nye kikkert. Jeg har haft en oplevelse magen til den, Galilei havde i 1610. Vort udstyr har sikkert været af nogenlunde samme kvalitet, og millionvis af mennesker har de seneste 400 år sikkert set det samme som mig, men lige nu er Galileo Galilei og jeg sammen: vi har lige set Jupiter og dens måner for første gang, og jeg ved, hvordan den gamle astronom har følt det.

- -

Den sidste halvdel af sommeren har været varm og solrig, og nætterne har levet op til dagene, så i de seneste 3 uger har jeg kunnet følge Jupiter og dens måner i min stjernekikkert. Jeg kan dårligt vente til det bliver mørkt, så jeg kan stille kikkerten ud på altanen for at gøre aftenens observationer. Helt i lighed med Galilei tegner jeg med pen og blæk det billede, som Jupiter og de fire galilæiske måner danner. Hver aften har sin kode. At studere Jupiter er som at læse noder, blot er stjernemusikken 5 tonet. Der er Jupiter og fire små lysprikker på stribe; det vil sige sommetider er der kun 3, hvis den ene måne er bag eller foran Jupiter, så den ikke kan ses. I princippet kan der være endnu færre synlige måner end 3 – det har jeg blot ikke oplevet.

Hver aften når jeg ser ned i kikkerten, danner de fem himmellegemer en ny konstellation, som ikke er magen til den i går og som ikke ligner den i morgen. Jeg er spændt på, hvad det møder mig, når kampen med at indfange planeten i okularet er vundet. Lidt efter lidt får jeg nedfældet en stribe billeder, der glæder mig usigeligt. Det er ikke lige til at gøre nøjagtige observationer uden anden hjælp end sin proportionssans; men jeg synes, at det jeg tegner, ligner det, jeg ser i kikkerten.

Den runde gule cirkel og de fire lysprikker fascinerer mig, de har deres egen skønhed, som jeg forsøger at genskabe i stribevis af tegninger og akvareller. På en eller anden måde skaber de fem himmellegemer en form for poesi – der er som med kinesiske og japanske skrifttegn, hvor ganske få skrifttegn kan udgøre en mystisk skønhed. Sådan har jeg på tre uger fået det med Jupiter og dens galilæiske måner. Efterhånden har jeg fået nedfældet en stribe af disse koder, som repræsenterer en universel rytme, jeg forsøger at forstå.

Jeg er interesseret i at finde ud af, hvad de forskellige måner hedder og identificere de fire måner på hvert af mine sæt observationer. I princippet kan jeg beregne det, hvis jeg har tid nok. Månen Io er tættest på Jupiter, så kommer Europa, Ganymedes og til sidst Callisto. Men jeg søger hjælp på nettet og opdager et fantastisk program, Stellarium, der frit kan downloades og som omdanner computerskærmen til et planetarium, der viser himlen på de tidspunkter man vælger. Jeg zoomer ind på Jupiter på de tidspunkter, hvor jeg har gjort mine observationer og kan til min store amatør-glæde se, at mine noter matcher computerprogrammet og videnskaben. Omhyggelig går jeg i gang med at give mine fire måner hver deres farve: Io er hvid, Europa er blå af hensyn til EU, Ganymedes er rød og Callisto tegner jeg grøn. Nu dukker mønstret og rytmen frem. Callisto slanger sig ned over papiret med sine grønne koder, hurtigere går det med Ganymedes, herefter kommer Europa og hurtigst er Io til at skifte fra den ene til den anden side af Jupiter.

Blot et dusin nodesæt og melodien begynder at tone frem.

Med mine få observationer går jeg i gang med at beregne, hvor længe de fire måner hver især er om at kredse rundt om Jupiter.

- Io, den inderste måne, bruger efter mine beregninger 21 timer om at komme fra den ene side til den anden eller 42 timer for en omkreds.
- Europa er omkring 10 dage om 3 timer om et omløb, hvilket svarer til 80 timer.
- Ganymedes har en omløbstid på godt og vel 7 døgn.

- Sidste måne, Callisto, ser ud til at behøve 18 dage til sit omløb.

Et hurtigt kig på tallene og mønstret viser, at jeg ikke er helt galt på den. Jeg er inspireret og glad, på blot tre uger med en billig kikkert fra Netto har jeg næsten på egen hånd afdækket bevægelsesmønstret for Jupiters måner. Jeg er et almindeligt menneske uden særlige forudsætninger, ikke desto mindre arbejder jeg med frontforskning anno 1610; det er lige så nyt for mig, som det var for Galilei, og jeg tror, at min glæde og intellektuelle tilfredsstillelse er lige så stor som hans.

Jupiter og Ole Rømer

Jeg vil bringe historien om Jupiters måner videre, og så skal vi nordpå væk fra Firenze i 1610 tilbage til Hven. Vi er nu nået frem til 1671. På min elskede ø i Øresund finder vi den 29-årige århusianer Ole Rømer, der assisterer den franske astronom Jean Picard med en række observationer af Io. Hensigten er at sammenligne observationerne med tilsvarende fra Paris med det formål at bestemme Hvens længdegrad præcist. Det vil nemlig hjælpe til at tolke Tycho Brahes opmålinger bedre; og igen må man imponeres over Brahes arbejde. Næsten et århundrede efter de blev gjort, er hans kikkertløse opmålinger stadig datafundament for Europas førende astronomer.

Efter Hven-ekspeditionen tager Ole Rømer i 1672 til Paris med Picard, hvor han bliver de næste 9 år på det nye kongelige observatorium. Han er inviteret af Louis den 14., selveste Solkongen, til at undervise den franske tronarving, og Rømer bliver siden medlem af l'Academie Royale des Sciences. Han er Braheeksperten par excellence, men han interesserede sig for mange andre ting og bliver blandt andet engageret i udformningen af de berømte fontænesystemer på Versailles Slottet; men det er Jupiter og Io, som skal give han udødelighed i historien.

Igennem et år observerer han Io's omløb om Jupiter; han kan præcist forudsige, hvornår den forsvinder bag planeten og hvornår den igen dukker op. Han kender omløbstiden, der er 42 timer og 30 minutter (mit gæt på 42 timer var altså ikke så tosset) Men Rømer har gjort en mærkelig opdagelse under sine observationer, nemlig at Io somme tider dukker frem, før den er forventet og i nogle tilfælde forbliver synlig lidt længere, end den burde ifølge tabellerne.

Her er Ole Rømer brillant; han tilskriver denne uregelmæssighed de skiftende afstande mellem Jupiter og Jorden. Begge planeter cirkler rundt om solen med forskellig hastighed, og afstanden mellem Jorden og Jupiter varierer derfor. Det er denne variation, Rømer mener, er årsagen til, at virkeligheden ikke svarer til teorien. Ole Rømer beskriver dette som "lysets tøven" – og det er banebrydende i Einstein og Niels Bohr klassen. Før Ole Rømer har alle, både de lærte og de dumme, regnet med, at lyset bare er der. Man har ikke forestillet sig, at lys skal bruge tid for at nå frem. Rømer gør!

Med afsæt i sine observationer beregner han, at lyset behøver 11 minutter for at komme fra Solen til jorden; siden bliver det bevist, at den korrekte tid er 8 minutter 20 sekunder. Ole Rømer er ikke i stand til at bestemme lysets hastighed, da han ikke kender afstanden til Solen, men han kan sige, hvor længe det er undervejs. Det havde han scoret en Nobelpris på i dag.

Hans resultater bliver offentliggjort i Journal des Savants den 7. december 1676 under titlen "Démonstration touchant le mouvement de la lumière trouvé par M. Roemer de l'Académie Royale des Sciences" – altså "Opdagelsen af Lysets Tøven".

Tidsskriftet Journal des Savants er verdens ældste videnskabelige tidsskrift, og Rømers artikel er kortfattet som de øvrige, for bladets stifter Denis de Sallo er af den overbevisning, at hans magasin er for dem "der er for dovne eller for travle til at læse bøger". Konceptet er livskraftigt, Journal des Savants, eksisterer stadig og det eneste, der i en periode bremser for udgivelsen, er Den franske Revolution og siden Napoleonskrigene.

I 1681 rejser Ole Rømer tilbage til Danmark med sit multitalent, bliver professor ved Københavns Universitet og siden rektor samme sted, han gør forarbejdet til en ny kalender, et nyt system til mål og vægt, introducerer en ny temperaturskala, han bliver dommer, borgmester, politimester i København, udlægger nyt kloaksystem og sår kimen til en socialreform. Lige inden han dør i 1710 får han sit eget observatorium i Vridsløsemagle, men som med Tycho Brahes observatorium på Hven forfalder også Rømers observatorium hurtigt efter hans død; så eftertrykkeligt at man i næsten 300 år ikke engang kan finde ud af, hvor det har været placeret. Det samme sker for hans observationer og journaler samt de instrumenter han anvender; de går op i røg under Københavns brand i 1724 i øvrigt sammen med Tycho Brahes efterladte instrumenter. Astronomer og Ole Rømers tilhængere er naturligvis kede af dette, men det skal de ikke være. Ole Rømer giver os en ny forståelse af lyset og med denne indsigt, må vi også tage tidsbegrebet op til revurdering. Alt det andet er bare krymmel på lagkagen. Endelig får han med sin socialreform gjort en masse positivt for mennesker i København i slutningen af 1600-tallet, og livet leves nu engang af de levende.

Ole Rømer er havnet på mit stjernekort, og når jeg retter min stjernekikkert ind på Jupiter, og ser den lille beskedne inderste af de fire lysprikker, som ligger på stribe omkring planeten, glædes jeg over en nysgerrig og skabende landsmand, der for 350 år siden aflæste og fortolkede rytmen i en stribe 5-tonede nodesæt med en langt større indlevelse end den, jeg kan præstere. Vi er mange, som kan fornemme den enkle og gennemgående rytme og melodi i månernes bevægelse, men Rømer fanger den lille nuance, 10–15 minutter ud af evigheden, og indser denne nuances betydning. Den lille forskel, som skaber kunsten.

Karen Blixen og Thomas Dinesen

Gud ved, hvor du er, min egen kære Tommy, når du læser dette, – om du allerede er i Frankrig, og har set saa mange Ting som man sletikke kan forestille sig herudefra. Naar jeg ser paa Stjernerne om Aftenen her mellem Parkens store Træer, prøver jeg altid at huske deres Navne, som Du har lært mig, og tænker paa, om Du ser dem fra en Trench, – paa en maade saa fjernt, saa fjernt fra mig, og paa en maade vil vi dog altid være nær ved hinanden; altfor mange Gange har vore Tanker vandret de samme Baner og kan nok endnu mødes i mange store Lande, hvortil de kender Vejen...

Således skriver Karen Blixen fra Ngong i Kenya den 12. januar 1918 syg af frygt for sin bror, Thomas Dinesen, der har begivet sig ud på et livsfarligt romantisk eventyr på jagt efter spænding og ære i den kanadiske hær under 1. Verdenskrig.

Og mens Karen Blixen sidder og kigger mod stjernerne i den afrikanske nat og tænker på sin bror, hvad laver Thomas Dinesen så? Kigger han også på stjerner og tænker på sin Tanne, som han kalder søsteren?

Spørgsmålet dukker op, mens jeg står i et antikvariat, der har ophørsudsalg. Jeg har fundet en bog med Karen Blixens breve fra Afrika fra starten i 1914 til 1931, da hendes kaffeeventyr sluttede; jeg står og smuglæser hendes korrespondance til broderen, mens jeg overvejer at købe bogen. Det gør jeg naturligvis, og hele aftenen går jeg på opdagelse i de gamle breve, mens jeg spekulerer jeg over, hvad Thomas Dinesen mon lavede i verdenskrigen, mens hans søster sad og kiggede stjerner i den afrikanske nat.

Svaret håber jeg at finde i Dinesens krigserindringer og min jagt i antikvariaterne fortsætter derfor næste dag; jeg er efterhånden ved at købe mig fattig i bøger fra 20erne. I antikvariatet finder jeg Thomas Dinesens "No Man's Land", hvor han fortæller om sine oplevelser ved Somme Fronten i 1918 – samtidig med Karen Blixens breve fra Ngong i Afrika.

Hør hvad han skriver den 12. juni 1918

... I Søndags havde jeg, som maaske tusind andre, en betagende Oplevelse.

Jeg laa i Græsset i Vænget ved siden af Jack og et Par andre, som vi havde faaet halet ud, og saa op til mine kendte Sommerstjerner, Deneb, Vega, Altair - - - men dér tæt ved Altair, skinner en stor Stjerne! Det er ingen Komet - - en Planet kan det jo ikke være, - - ikke noget Krigslys, - Raket eller Aëroplansignal, det staar ganske stille, - - det maa være en Drøm, det hele! - - - jeg maa pludselig være blevet gal!

Jeg vækkede Jack for at høre, om han ogsaa kunde se den, og for at spørge om hans Forklaring, men han interesserede sig ikke for "damned stars" og troede at jeg gjorde Nar af ham.

Først i Gaar fik jeg fat i en Avis og saa, at det virkelig drejede sig om en "ny Stjerne" – at vi havde set et Sammenstød mellem to Sole, eller en Opflammen af en kold Sol muligvis Billioner af Kilometer ude i Rummet, maaske sket for tusind Aar siden! Herregud, hvor bliver vi smaa, hvor bliver selv Krigen ubetydelig under Stjernehimlen og Uendeligheden!...

Hvad Dinesen så på himlen var en nova, en opflammende stjerne, der trådte frem af mørket og ubemærketheden den 8. juni i 1918 i stjernebilledet Ørnen, der på latin hedder Aquila, hvorfor den opfarende stjerne blev døbt Nova Aquila 1918. Dinesens nova – som jeg vil tillade mig at kalde den, var den kraftigste nova siden den, Johannes Kepler observerede i 1604 og på sit højdepunkt har Nova Aquila lyst klarere end Altair; hvis man er astronomi interesseret er det praktisk taget umuligt at se op på den lyse sommerhimmel uden at lægge mærke til et sådant vidunderligt lys.

Karen Blixen har næppe lagt mærke til den nye stjerne, så var hendes digterhjerte løbet af med hende og verden havde fået en ny fortælling. Men hvad hun ikke så i Afrika, det gjorde en masse andre mennesker kloden over – stort set udelukkende amatører, som gjorde de professionelle observatorier opmærksom på, at der var en ny stjerne på himlen. Nogle af første observationer blev gjort i Madras i Indien og i Sydafrika af amatører, som telegraferede deres opdagelse til fagkundskaben og selvom en af astronomerne på Greenwich Observatoriet faktisk havde set stjernen, var det ikke gået op for ham, at den var ny – det skulle der en skoledreng til at gøre de professionelle opmærksomme på.

Det er interessant, at det ofte er amatørerne, som ser på himlen og stjernerne, og finder de nye meteorer; de lærte astronomer sidder med næsen dybt begravet i deres bøger og beregninger. Den nu afdøde svenske astronom og forfatter, Peter Nilsson, skriver i sin bog Stjärnvägen, at professionelle astronomer efterhånden blot sidder og kigger på deres skærme i stedet for at gå ud i natten og fryse og se himlen med egne øjne. Sådan var det altså også i 1918 – og sådan er det formentlig med de fleste specialister, de fokuserer på små detaljer og mister det åbenbare.

Men altså ikke Dinesen i Frankrig, hvor han i en periode på 14 dage er trukket tilbage fra fronten for at blive uddannet til korporal. Jeg er nysgerrig efter at se, hvor på himlen Dinesens nova rent faktisk stod i juni 1918, og sender en mail til Ole J. Knudsen på Steno Planetariet i Århus. Som sædvanlig er han hjælpsom, og på mit nye håndlavede indiske papir tegner jeg Sommer-trekanten, sådan som jeg mener, den har stået i den sidste krigssommer, med Nova Aquilae 1918 med fuld blus på lampen.

Dinesens Nova markerede sig på himlen i blot 20 dage, hvorefter den mistede sin kraft og blev lige så usynlig for det blotte øje, som den havde været før sin opblussen. Det var tre ugers universel berømmelse i evigheden.

Da Nova Aquilae 1918 strålede allerklarest på himlen blev min far født.

Min rejsekammerat på et stykke af turen, maleren Johannes E. Møller, lavede denne tegning af Nova Aquiae 1918, som himlen over Somme-fronten kan have set ud da min far blev født.

- - -

Jeg er tilbage ved fronten i den 7. august 1918, min far er blevet født på Langebrogade på Christianshavn, novaen er forsvundet fra himlen og Thomas Dinesen står atter i sin skyttegrav:

En stille klar Nat med Stjerneskud og med hvid Taage over Dalen foran os; mod Øst kunde vi lige skelne Bakkekammen, hvor de tyske Stillinger maatte ligge - - -

Var vi bange? Mange af os ville ikke opleve næste Solnedgang - - havde Angsten for Døden Tag i os de Par stille Nattetimer? Jeg saa paa Kammeraterne omkring mig, de hviskede et Par Bemærkninger til hinanden med rolige Stemmer og lo dæmpet. Her er hverken Nervøsitet eller Frygt at spore.

Således lyver Thomas Dinesen lige op og ned i sin bog om natten før det, der siden er blevet kaldt "Slaget om Amiens", som indledtes den 8. august og var begyndelsen til enden på Første Verdenskrig. Men hør lidt mere af Dinesens beretning:

Jeg staar med Uret i Haanden og tæller Sekunderne, jeg dirrer lidt paa Haanden - - - Som en spændt Staalfjeder af utænkelig Kraft ligger her på Bakkekammen nordpaa to Hundrede Tusinde Mand, den engelske Hærs bedste Stødtropper, aandeløst ventende på Signalet til Storm. To Tusinde Kanoner er trængt sammen lige bag Tropperne, – Tanks, Rytteri, Aëroplaner, --- det er selve den britiske Løve, der ligger her, lydløst sammenkrøbet, med hver en Nerve dirrende spændt til Spring. NU!

Hele den vestlige Horisont staar i Flammer, som om Jorden er revnet, Tusinder af Kanoner Brøler på én Gang, Granaterne hvæser og hyler lige hen over Hovederne paa os, saa vi uvilkaarligt synker i Knæ, alle Sanser drukner i de første Minutters bedøvende Brag..

Jeg får kuldegysninger, når jeg læser Dinesens beretning.

I de følgende dage kaster Thomas Dinesen sig igen og igen som første mand ind i dette ragnarok, når The 48th Canadian Highlanders i deres kilte stormer de tyske stillinger; og ikke mindst takket være hans vanvittigt heltemodige indsats får kanadierne i hans afsnit rykket fronten under ufatteligt tab af menneskeliv.

Fra den 8. til 12. august mister kanadierne 9.094 unge mænd. Dinesen tildeles Victoriakorset, den højeste britiske udmærkelse for tapperhed.

Få dage senere er det værste overstået for Dinesen for denne gang, og han fortæller fra sin "trench":

Det er Maaneskin i disse nætter, en lav, rød Maane nede over Parvillers. I nat fortalte jeg Chris om Maanen og Stjernerne, mens vi stod der og skiftede Fod og frøs. Stjernerne er altid de samme gamle Venner – jeg pegede dem ud én for én, Lyren, Svanen og Ørnen, – Cassiopeia, Andromeda, hele Himlen over. I saadanne mørke varme August-Nætter var det netop som jeg plejede som Dreng at sidde i Ewalds stue i mit elskede Hjem og lære Stjernebillederne at kende, finde dem frem én for én, eftersom de kom op over Sundet.

Når Orion kryber op i øst – er Natten ved at være forbi.

Maaske har vi mange saadanne smukke Nætter for os endnu her, før vi faar Afløsning. Vi kan holde os længe endnu, vi er unge Mænd med Kræfter og Vilje.

Thomas Dinesen indleder sin beretning om Slaget om Amiens med "Det var en klar nat med stjerneskud" – og det passer præcist på datoen. August er højsæson for stjerneskud, når Jorden er tæt på meteorsværmen Perseiderne også kaldet St. Laurentii Tårer; man kan omkring den 10. august være heldig at se 60–80 stjerneskud i timen. Mens jeg skriver dette, sidder jeg med min skrivemaskine på terrassen i augustnatten og ser med jævne mellemrum smukke stjerneskud mod nord. Jeg tror ikke, jeg fremover kan se stjerneskud i august uden at tænke på Thomas Dinesen og de mange unge mænd på begge sider af fronten, der for snart 100 år siden kæmpede og døde ved Amiens under St. Laurentii tårer.

Inden jeg forlader min ekspedition tilbage til 1918, som jeg blev lokket ud på i et antikvariat i København, vil jeg slutte af med et brev, som Karen Blixen skriver til sin egen elskede dejlige Tommy:

... Nu skal du høre noget mærkeligt. I begyndelsen, da du var med, var jeg saa forfærdelig angst for dig og fortvivlet og plejede at tale med Fara om det, og han foreslog, at vi skulle faa den gamle Somali eller vist Arabersheik d.v.s. Præst til at lave Hexeri til at beskytte dig mod Farerne. Dette blev lavet i tre Fredage i Træk og bestod af et lille stykke papir med Skriftsteder fra Koranen, som Fara og jeg skulle grave ned og ikke maatte nævne til nogen, hvilket vi hellerikke gjorde. Du vil nok le af, at det tit var mig en trøst i Nøden, og endnu mere af at jeg, trods det ikke var i en af mine mindst glimrende Perioder, betalte den gamle Sheik 1000 Rs. for at fabrikere det. Men hør nu og spot ikke længere. I Hexeriet krævede Sheiken ikke bare, at du skulle komme igennem det uden at være rørt af Fjendernes Vaaben, MEN AT DU SKULLE NEDLÆGGE 12 FJENDER, VÆRE ET EKSEMPEL FOR ALLE OG OPNAA STOR ÆRE! – og igaar fik jeg et udklip af "Times", som sagde det samme med de selvsamme ord! Sig saa ikke en anden Gang, at vi ikke er i Pagt med de højere Magter! Jeg er selv saa betaget af det, at jeg synes det er ganske uhyggeligt, og du maa tænke paa mig og Fara med taknemmelighed.

Jeg har fundet avisudklippet, og her er hvad Times skrev:

On August 12, 1918, at Parvillers, France, Private Dinesen displayed conspicuous bravery during 10 hours of hand-to-hand fighting which resulted in the capture of over a mile of strongly defended enemy trenches. Five times in succession he rushed forward alone and put hostile guns out of action, accounting for 12 of the enemy with bomb and bayonet. His sustained valour inspired his comrades at a very critical stage of the action.

Tidevandsbølgen

Jeg sidder nede ved stranden på Hven og ser over mod danskerkysten, klokken er 21, og det er blevet mørkt. Egentlig var jeg taget herned for at se Venus, som jeg måske kan se i 20 minutters tid omkring solnedgang, hvis der ellers ingen skyer er. Men der er skyer, så det bliver heller ikke nogen Venus observation denne gang. Jeg frygter, at min chance for at se planeten er forpasset for dette år. Det samme gælder Merkur. Nu taler vi formentlig om et halvt års tid, før jeg får chancen igen for at se de to planeter på indersiden af jordbanen.

Jeg er i skidt humør. Det er midt i september, og i de fire dage, jeg indtil nu har været på øen, har der været overskyet om natten, det er også begyndt at være koldt og de få restauranter på øen er lukket ned for sæsonen. Jeg havde håbet på et måltid varmt med, men det bliver der heller ikke noget af. Skrivningen er det så som så med, jeg kan ikke rigtig få det til at flyde, jeg mangler stjernerne. Det er lettere at skrive begejstret om stjerner og himmel, hvis man kan gå ud i natten og se dem.

Nu da jeg er nede ved stranden, og ikke kan få noget at spise andre steder, beslutter jeg mig for at lave min private grillfest. Jeg har en pose svenske pølser og noget toastbrød i rygsækken samt en Spendrup mellanöl og får rigget et bål af drivtræ til i strandkanten. Det hjælper en smule på humøret. Jeg sidder og hører sagte bølgeskvulp. Ænderne rapper ude fra vandet. Det er blevet helt stille, og jeg må rykke lidt væk fra bålet på grund af strålevarmen. Øresund er oplyst fra begge sider. Det er fantastisk at stå på Hven og se ud på resten af verden. Her er mørkt og godt – ideelt til stjernekiggeri, hvis der er klar himmel, forstås, og på kysterne omkring er der lys. Det er utroligt, som vi lyser vore lande op. Over byerne Helsingør, Helsingborg og Landskrona er skyerne oplyst – det samme gælder København og Malmø. Jorden laver et lysaftryk på de mørke skyer på himlen. Ved at se på himlen kan man tegne et groft kort over Øresund.

Nede i syd ser jeg alle flyene, som letter og lander. Flyene danner en perlerække skråt op over vandet indtil den forsvinder i skyerne. Ovre i Rungsted Havn blinker de små fyr i havneindsejlingen rødt og hvidt – der hvor Thomas Dinesen sad og kiggede stjerner for hundrede år siden.

Pludselig hører jeg en brusen. Det kommer nordfra og bliver stærkere og stærkere. Jeg ser ud over vandet, det er helt stille. Jeg mærker en uro: ingen skibe, ingen bølger, ingenting. Bare en brusen fra Sundet. Pludselig kommer bølgerne, de vælter ind over kystsikringen, jeg bliver bange. Griber min taske og springer op ad stenene. Et kort øjeblik får jeg tanker om tsunami. Hvad sker der? Bølgerne slukker bålet med høj syden, jeg indhylles i røg og damp. Efter 30–40 sekunder holder bølgerne op og havet begynder igen at falde til ro.

Så dæmrer det for mig. Jeg har for første gang i mit liv oplevet en tidevandsbølge. I eftermiddags talte jeg med Monica på Tycho Brahe Museet om, at ting sjældent blev, som vi planlagde, og hun nævnte, at Tycho Brahe havde sagt "tag imod det ukendte som en dyrebar gæst". Her sad jeg på stranden og havde medlidenhed med mig selv over at mine planer om klare stjernenætter over Hven gik i vasken, og hvad får jeg så forærende? En tidevandsbølge, der ruller ned gennem Øresund, mens jeg sidder neden for Hvens berømte Backafall, der er de stejle skrænter, som omgiver øen! Hvor heldig kan man være?

Det er naturligvis månens værk; selvom jeg ikke kan se den, arbejder den med sin tiltrækningskraft fra sit skjul bag skyerne. Det er fuldmåne i aften, og når det er det, får vi springflod. Springflod opstår, når solen og månen arbejder sammen om at flytte rundt på klodens vandmasser. Månen trækker mest, men Solen bidrager også med 50 pct. til at skabe tidevand, og forskellen mellem højvande og lavvande er altså størst, når månen er fuld. Så ruller den største tidevandsbølge rundt om kloden. For os i Danmark begynder den i Vesterhavet og fortsætter ned gennem Kattegat og gennem de danske sunde og bælter, så vandet presses sammen. "Hven er et af de få steder, hvor man kan høre tidevandsbølgen" siger kordegnen fra Sankt Ibbs Kirke, der ligger på toppen af Kyrkbackan med udsigt over hele Øresund. Ja, naturligvis ved hun det, *Flicka från Backafall*! Som i sangen lever hun i kontakt med havet. Ved Hven snævres Sundet, ind så vandet presses ekstra meget sammen.

Hvor er jeg glad for at have oplevet tidevandsbølgen: "tag imod det ukendte som en dyrebar gæst", sagde herremanden fra Hven for over 450 år siden. Han sidder formentlig nu oppe i sin roterende himmel og glæder sig over, at jeg endelig har indset tidevandets bevægelser, skabt af et solsystem, han ikke selv nåede at forstå helt.

På cyklen tilbage til Marielund i mørket kører jeg forbi Tychos Brahes Uraniborg og tænker på min tidevandsbølge og føler mig en smule til grin over, at jeg nåede at føle frygt for den. At jeg så en tsunami for mig, når det eneste jeg havde at frygte var et par våde shorts og saltvand i min Spendrup's. Eller også er det mine naturlige instinkter, der bliver vakt. Naturen skal respekteres.

Min tidevandsbølge udløser et navn, som i de seneste måneder er vokset i min bevidsthed: Geoffrey Chaucer. Min oplevelse fra stranden under Hvens Backafall er endnu en dyrebar gæst, som bringer en vidunderlig historie frem i lyset: The Franklin's Tale – en ridderfortælling, som inddrager hele universet og de ædleste følelser i mennesket.

Den er jeg glad for at kunne skrive om. Geoffrey Chaucer er før Shakespeare, han er middelalderdigter og den første til at skrive på engelsk. Jeg lærte ham at kende i filmen "A Knight's Tale" med Heath Ledger i hovedrollen, som den unge væbner, William Thatcher, der som fattig dreng sendes i tjeneste hos en ridder; da ridderen dør mange år senere, overtager William hans plads, opfinder identiteten Ulrich von Liechtenstein fra Gelderland og udfordrer verdenseliten i europæiske ridderturneringer (!). Hans makker og spindoktor i middelalder-version Geoffrey Chaucer, spillet af Paul Bettany, italesætter hele hans ridderprojekt, der ender med, at han kommer til turneringen over alle turneringer, hvor skurken Count Ademar of Anjou en gang for alle skal kastes af sadlen. Den unge ridder er lykkedes med sit projekt, han var dømt til et liv i fattigdom som tjener for en ridder, men han får brudt den sociale arv og alle forventninger og står nu på toppen af verden. Men han har ikke glemt, hvor han kommer fra og opsøger sin gamle og nu blinde far, der ikke har hørt fra sin søn i de mange år. Selvom jeg har set filmen flere gange, får jeg stadig en klump i halsen, når William fortæller sin gamle far: "Father, I changed my stars". Alt det, universet havde forudbestemt for ham, havde han lavet om. Han havde taget ansvar for sit eget liv.

På dette sted i fortællingen bliver Ulrich von Liechtensteins historie og falske identitet afsløret! Møder han op til turneringen, vil han blive arresteret, fængslet for resten af livet og miste sin elskede Lady Jocelyn. Hans venner råder ham til at flygte, men William holder fast i sin nye identitet. Han sætter æren over alt andet, hellere miste liv og kærlighed end flygte fra konsekvensen af sine handlinger.

Han møder derfor op til turneringen, hvor han som forudset bliver arresteret af soldaterne, sat i gabestokken, hånet af alle og kun bakket op af en lille håndfuld hjælpere, der står magtesløse over for både pøblen og adelen. Da alt ser sortest ud, dukker hjælpen uventet op. Kronprinsen, den populære Prince

Edward – dengang kendt som The Black Prince of Wales – som William skånede i en lanseduel for at beskytte prinsens ære, kommer forbi og byder, at William bliver sluppet løs. For den unge ridder er en mand af ære, der har opført sig, så han har vundet sine mænds respekt og opbakning. På stedet bliver William adlet af prinsen, så nu er han adelsmand, som de øvrige riddere og der er fri bane for, at nu Sir William kan deltage i turneringen, hvor den sorte skurk Count Ademar får de bank, han fortjener.

Det er desværre Hollywood altsammen, men det kunne lige så godt være den ægte Geoffrey Chaucer, der faktisk har skrevet en historie, som hedder "A Knight's Tale". Hele historien er så "chaucersk", som den kan blive, hvilket jeg snart skal vise. Det, der i særdeleshed har trigget mig i denne sammenhæng, er scenen, hvor har genser sin far og siger, "I changed my stars" – for i 1300-tallet tog man stjernerne og planeterne alvorligt. Så måske skal jeg begynde et helt andet sted, nemlig hos Chaucer's ven, filosoffen og digteren John Gower. Efter ham skal jeg nok komme tilbage til det sted, hvor jeg begyndte, nemlig med tidevandet, The Franklin's Tale og de store idealer og tanker, som rumsterede i hovederne på mennesker for 6–700 år siden, da verden stadig var fuld af mystik og nattehimlen var mørk og stjerneklar.

John Gower og hans digte om stjernerne

Men først John Gower. Han er født omkring 1330 og døde i 1408. Han kom fra en prominent engelsk familie og skrev en række latinske og franske tekster og digte, men hans berømteste værk er hans 10.000 linjers Confessio Amantis, der betyder "en elskers tilståelse", som opsamler god tone, moral og viden i middelalderens England, eller "Engelond", som Gower selv stavede det. Han skrev værket på engelsk på opfordring af Richard II, der var bekymret over så lidt, der blev skrevet på engelsk på de tider. Hidtil var det meste nemlig blevet skrevet på fransk og latin, fint skulle det jo være. Da både mit latin og middelalderfransk er lidt rustent, er John Gower derfor min chance for selv at læse, hvad man mente om himmellegemerne på de tider. Og Gower har faktisk skrevet ret omfattende om astronomien i den 7. bog i Confessio Amantis. Det betyder, at jeg her, i modsætning til i Norden, faktisk kan forvente at få et klart svar på, hvordan man så på himlen 300 år efter, at vikingerne noget modvilligt havde trukket sig fra landet.

Under hele mit stjerneeventyr har jeg tilstræbt at gå til kilderne og om nødvendigt stave mig igennem originalsproget for at undgå litterær fastfood. Det har givet mange frustrationer, taget masser af tid men samtidig forlenet mig fantastiske oplevelser, når jeg gik på opdagelse. Det er fascinerende at læse en tekst direkte fra kilden, alt er nyt for mig – sproget er gammel engelsk og retskrivningen og stavningen er anderledes – men linje for linje, får jeg afdækket, hvordan man for 650 år siden så på himlen. Jeg opdager små hemmeligheder skjult mellem bogstaverne og kan trække historier ud af ordene.

I stedet for blot at oversætte Gowers vers, har jeg gendigtet de passager, jeg synes bedst om og tror, er de mest interessante for andre, hvilket jeg håber bringer teksterne til live igen. Det er ikke blot meningen jeg får oversat, jeg får forhåbentlig også stemningen med. Digtning på vers kommer ikke let til mig, men det har været sjovt at tage livtag også med denne opgave. For at læseren kan følge med i oversættelsen/gendigtningen har jeg ladet originalteksten stå.

Sådan er det blevet:

Astronomiens studium
kan ingen komme udenom
thi det må jeg sige:
ingen anden lære er dets lige

Lykken for både land og for konge
I tider med fred i tider med krig
er skrevet ind i stjernernes poesi
det siger mesteren i naturlig magi
som ved besked om astronomi
men den guddommelige siger tværtom,
thi hvis en mand er god og from
og behagelige for sin Gud
da skal han ikke frygte stjernens bud

[*The science of Astronomie*
I thinke forto specefie,
Withoute which, to telle plein,
Alle othre science is in vein

The stat of realmes and of kinges
In time of pes, in time of werre
It is conceived of the Sterre:
And thus seith the naturien
Which is an Astronomien.
Bot the divin seith otherwise,
That if men weren goode and wise
And plesant unto the godhede,
Thei scholden noght the sterres drede.]

Prøv at sammenligne min oversættelse med den originale tekst. Den er absolut til at læse for en almindelig engelsktalende dansker, og den er endnu lettere at forstå, hvis man læser den højt med en smule jydsk accent. Teksten er på det, som hedder Middle English, altså middelalderengelsk, og der har næppe eksisteret en officiel retskrivning, da John Gower skrev sit værk.

At skrive på engelsk er nyt i midten af 1300-tallet, det var folkets sprog, og teksten her er et af de første forsøg i den lærde verden. Teksten er lettere at læse end oldnordisk; den er skrevet omkring 100 år efter Vølvens Spådom, og når man ser på stavemåden og ordenes endelser fremstår det danske sprogaftryk.

Her i begyndelsen af afsnittet hører vi, hvordan astronomien er over alle andre videnskaber, samt at stjernernes stilling styrer alle ting på jorden; men vi hører også, at hvis vi behager Gud, har vi intet at frygte, så vil vi kunne ændre den skæbne, der er lagt i stjernerne. Men det kræver vor egen ærefulde indgriben.

Og den vinkel har manuskriptforfatteren i Hollywood fanget;

Gower tager utallige tilløb – får arbejdet sig frem til at fortælle, at der er syv planeter, som løber gennem dyrekredsen med de tolv stjernetegn, hvilket han har lært af filosoffen fra Alexandria og netop som jeg tror, at nu går han til biddet, får vi endnu en ny opstart:

PÅ EVENTYR MELLEM HIMMEL OG JORD

Men nu, min levende kære bror
du ønsker fremdeles at vide
hvad bøgerne siger side for side
om de syv planeter på himlen
og hvor de står i stjernevrimlen

og på hvilke steder de er fremme
pas på, for nu vil jeg begynde
med det som filosoffen lærte
i Alexandria og siden os belærte.

[Bot nou, mi lieve dere brother,
As thou desirest forto wite
What I finde in the bokes write,
To telle of the planetes sevene,
Hou that thei stonde upon the hevene

And in what point that thei ben inne,
Tak hiede, for I wol beginne,
So as the Philosophre tauhte
To Alisandre and it betauhte.]

Jeg har taget linjerne med, selvom det er retorisk tomgang: for bøger i middelalderen har været beregnet til højtlæsning snarere end indenadslæsning. Få mennesker kunne læse, og bøger var en mangelvare før bogtrykkerkunsten; man kan høre på teksten, den er beregnet for oplæsning.

Men nu, min levende kære bror... med denne indledning ser jeg John Gower for sig, når han løfter blikket fra bogen, kigger ud på tilhørerne og fortsætter sin beretning om planeter:

Under alle de andre står månen
og styrer havets kommen og gåen
floder og ebber som daglig vendes
på månens skiften let kan kendes

... og videre

Andre stjerner vi på himlen finder,
af deres egne kræfter skinner
dog månen er ikke af denne art
den orker ikke selv at stråle klart
men tager sit skin fra solen

[Benethe alle othre stant the Mone,
The which hath with the See to done:
Of flodes hihe and ebbes lowe
Upon his change it schal be knowe

... and further

Alle othre sterres, as men finde,
Be schynende of here oghne kinde
Outake only the monelyht,
Which is noght of himselve bright,
Bot as he takth it of the Sonne.]

Dette er også interessant, for her fortæller John Gower, at tidevandet styres af månen og solen og at månen henter sit lys fra solen. I særdeleshed indsigten i sammenhængen mellem måne og tidevand er noget, jeg kan bruge; jeg fandt ud af det ved stranden på Hven, men her i Confessio Amantis fra slutningen af 1300-tallet kan jeg læse det sort på hvidt.

Den næste Planet af flere
som rask over månen roterer
Merkur, hvis natur der er
at ham som i fødslen den ser
skal læse flittigt i bøger

Over Merkur, af dem alle,
står planeten, som mænd kalde

PÅ EVENTYR MELLEM HIMMEL OG JORD

Venus, hvis position
styrer en hel nation
af elskende

Over denne kærlighedsplanet
står Solen klar og forberedt
den hindrer nattens dominans
og fremmer dagens lyse glans
som verdens øje i det høje
med lystigt selskab sig fornøje
af fugle som hver morgen synger
friske blomster spreder og springer
og de høje træer kaster skygge
så alle hjerter slår af lykke

Mars er planeten for krig
den står efter solen, om jeg må be'
kloden er en strid krabat
og styrer lykken for enhver soldat

Over Mars på himlene
den sjette planet af de syvende
står Jupiter nok så blid
og skaber fred og ingen strid

Højest og over dem alle
står planeten som mænd kalde
Saturnus, hvis blik
er koldt og hvis mimik
varsler ondskab og gys
for alle født under hans lys

[Of the Planetes the secounde
Above the Mone hath take his bounde,
Mercurie, and his nature is this,

NILS ELMARK

That under him who that bore is,
In boke he schal be studious

Next to Mercurie, as wol befalle,
Stant that Planete which men calle
Venus, whos constellacion
Governeth al the nacion
Of lovers

Next unto this Planete of love
The brighte Sonne stant above,
Which is the hindrere of the nyht
And forthrere of the daies lyht,
As he which is the worldes yie,
Thurgh whom the lusti compaignie
Of foules be the morwe singe,
The freisshe floures sprede and springe
The hihe tre the ground beschadeth,
And every mannes herte gladeth.

Mars the Planete bataillous
Next to the Sonne glorious
Above stant, and doth mervailes
Upon the fortune of batailes.

Above Mars upon the hevene,
The sexte Planete of the sevene,
Stant Jupiter the delicat,
Which causeth pes and no debat.

The heyeste and aboven alle
Stant that planete which men calle
Saturnus, whos complexion
Is cold, and his condicion
Causeth malice and crualte
To him the whos nativite.]

PÅ EVENTYR MELLEM HIMMEL OG JORD

Sådan fortæller Gower om de syv planeter, som kredser om jorden. De har alle særligere egenskaber, som påvirker vor tilværelse i en bestemt retning. Jorden er centrum, omgivet af Månen, Merkur, Venus, Solen, Mars, Jupiter og Saturn. Planeterne har endog særlig kraftig indflydelse på specielle steder, Mars har særlig indflydelse på Det hellige Land, Månen over Tyskland og så videre. I det efterfølgende gennemgår Gower de 12 stjernetegn, der i lighed med planeterne også har indvirkning på menneskenes livsbetingelser.

Jeg springer rask dyrekredsen og stjernetegnene over og går løs på noget som interesserer mig endnu mere: Nemlig, hvilke stjerner man havde øje for i Middelalderen i Nordeuropa.

At fortælle ret som han began
den første stjerne er Aldeboran
den klareste af dem alle
som mænd den ofte kalde

Dens lys har samme kulør
som Mars men dens humør
er som Venus, og oven i den,
Carbunkulus er den rette sten
dens urt navnet Anabulla lyder
og er beredt de aller største dyder

[*To telle riht as he began,*
The ferste sterre Aldeboran,
The cliereste and the moste of alle,
Be rihte name men it calle;

Which lich is of condicion
To Mars, and of complexion
To Venus, and hath thereupon
Carbunculum his propre Ston:

His herbe is Anabulla named,
Which is of gret vertu proclamed.]

Aldebaran er den røde stjerne i stjernebilledet Tyren, markant på grund af sin farve og derfor i slægtskab med Mars, der også er rød. Og som man kan læse, har Gower knyttet stjernen sammen med en smykkesten – nemlig Karfunkel, der er en stærkrød ædelsten – "et lille stykke glødende kul". Gower nævner også planten "anabulla" – som jeg ikke har kunnet identificere men formoder er planten "mælketidsel"
– jeg skal senere afsløre hvorfor.

I den efterfølgende tekst gennemgår poeten samtlige 15 stjerner, med deres sten, planeter, urter og indflydelse på mennesker. Jeg har sprunget en nærmere beskrivelse over og gennemgår her blot hvilke stjerner det drejer sig om.

(2) *The seconde is noght vertules; Clota or elles Pliades* [Den anden er ikke uden dyder, den navnet Clota eller Plejader lyder] – Clota var den celtiske gudinde, som regerede floden clyde, så det har Pleiaderne formentlig heddet før vikinger og normannerne kom til Engelond eller rettere de britiske øer, da Clyde er skotsk.

(3) *The thridde, which comth after this, is hote Algol the clere rede* [Den tredje i stjerne rækken, er varme Algol] – Og Algol er dårligt nyt; mere uheldsvanger stjerne end Algol findes næppe; Algol betyder djævel og den er beslægtet med Saturn og den giftige plante hellebore. Algol er en blinkende stjerne, den lyser kraftigt i 2 døgn og 11 timer og dæmpes herefter i 10 timer, på grund af en mørk ledsagerstjerne, der skygger for lyset. Algol befinder sig i det underste ben af Perseus.

(4) *The ferthe sterre is Alhaiot* [Den fjerde stjerne er Alhaiot] – Den kalder astronomerne idag Capella, som er den kraftigste lysende stjerne i stjernebilledet Auriga/kusken.

(5) *fifte sterre is of Magique* [femte stjerne er af magi] – Navnet nævnes ikke af Gower, men er formentlig Sirius i Store Hund

(6) *sexte suiende after this be name Canis Minor* [sjettte stjerne efter dette har navnet lille Hund] – det vil sige, at det er Procyon

(7) *The sefnthe sterre in special of this science is Arial* [Den syvende stjerne ifølge denne videnskab er Ariel] – Her refereres til Regulus – altså hjertet i stjernebilledet Løven.

(8) *Sterre Ala Corvi upon heihte hath take his place in nombre eighte* [Stjernen Ala Corvi (ravnens vinge) har taget plads som nummer otte.]

(9) *The nynthe sterre faire and wel be name is hote Alaezel* [den niende stjerne godt og vel, har navnet hede Alaezel] – det er Spica i Jomfruen

(10) *The tenthe sterre is Almareth* [den tiende stjerne er Almereth] – Det er Arcturus i stjernebilledet Bootes – som på dansk hedder Bjørnevogteren

(11) *The sterre ellefthe is Venenas* [Den ellevete stjerne er Venenas.]

(12) *Alpheta in the nombre sit, and in the twelfthe sterre yit* [Alpheta i det fjerne er den tolvte stjerne] – Alphekka er en stjerne i den nordlige krone.

(13) *Of these sterres, whiche I mene, Cor Scorpionis is thritiene* [af disse stjerner vil jeg mene, at Cor Sporpionis trettende] – Stjernen hedder også Antares og er i skorpionen

(14) *The sterre which stant next the laste, Nature on him this name caste and clepeth him Botercadent* [Stjernen som står før den sidste, den lærte giver dette navn og kalder ham Boterca-

dent] – Dette navn er i dag ukendt; jeg kan i hvert fald ikke finde det; men det referer formentlig til Vega.

(15) *Bot nou the laste sterre of alle, the tail of Scorpio men calle* [*men nu den sidste af dem alle, Skorpionens hale man den kalde*] – Gower kalder den Skorpionens hale, men han har formentlig gjort en fejl, idet det forventelige navn er Gedens Hale ifølge eksperter.

Jeg har her kun opremset stjernerne – men for hver stjerne er der i teksten desuden angivet hvilke sten og planter på jorden, de er knyttet sammen med.

Det undrer mig, at Gower kun beskriver 15 stjerner og de stjerner som fremhæves, er ikke alle de mest strålende eller bemærkelsesværdige. Der er ikke rigtig noget mønster i dem, synes jeg. John Gower er poet, og han har ikke selv fundet på sine 15 stjerner og deres egenskaber, da han skrev i Confessio Amantis i slutningen af 1300-tallet. På den tid var det ikke god latin at finde på; man skulle lære det, der stod i de lærdes bøger og formidle denne viden videre. Bøger og deres indhold var på det nærmeste urørlige. Der var så få bøger i omløb, at kildekritik var det sidste, man tænkte på.

I min juleferie surfer jeg rundt på nettet for at finde svaret. Hvor kommer de 15 stjerner fra og hvorfra har man fået ideen med at koble sten, stjerner og planter sammen? Det morsomme er, at min efterforskning slet ikke bringer mig tilbage i tiden. Den bringer mig frem!

For næste gang jeg støder på mine 15 stjerner er nemlig i 1533 i *De occulta philosophia libri tres* [*Tre Bøger om Okkult Filosofi*]. Bogen handler om magi, astrologi, kabbalah, troldomskunst, medicin og okkulte egenskaber i planter, sten og metaller, og den er et *must* for enhver, der vil kaste sig ud i mystikkens verden. Den er skrevet af tyskeren Heinrich Cornelius Agrippa, der levede fra 1462 til 1545. Han var teolog, læge, jurist og soldat, men mest af alt, mester i *naturlig magi*. Han rejste rundt i Europa og underviste i Tyskland, Frankrig og Italien, og som man kan forestille sig, lænede han sig konstant op af anklager for kætteri. Hans grundlæggende idé var, at det højere påvirker det lavere. Som ægtefæller tilsammen danner en helhed, således hænger himmel og jord sammen. For hver ting og egenskab på jorden er der en stjerne og en konstellation i himlen, som matcher og har det samme segl. Han brugte nemlig tegn, der repræsenterede hver at de 15 stjerner, som var de taget direkte ud af Da Vinci koden. Og Agrippa har givetvis været for spændende og interessant til at skille sig af med, for han talte og skrev for konger og kirkelige overhoveder i hele Europa. Blandt andet for sønnen til Kristian den 1. konge over Danmark, Norge og Sverige, altså den senere Kong Hans, som han nævner i forordet til sin bog og for hvem han skrev et oratio – en tale.

De occulta philosophia libri tres er for Magien hvad Machiavelli's Fyrsten er for diktatorer. Du er nødt til at læse den, hvis du er i branchen. De tre bøger er skrevet i 1510, trykt 23 år senere og opsamler hele middelalderens og renæssancens tro på mysterier. *De occulta philosophia* blev oversat til engelsk i 1651 og nysgerrigheden har overlevet fra generation til generation. Jeg blev da også selv nysgerrig, da jeg sad med den engelske oversættelse i hånden og her dukkede så nogle stjerner op, som jeg kendte fra Gower. Agrippa kaldte dem for "Behenii" stjerner (i den engelske oversættelse). Ordet kommer fra arabisk "bahman" som betyder "rod" og Agrippa har angiveligt fundet stjernerne og deres tilknyttede planter i bogen *Liber hermetis de XV stellis et de XV lapidibus et de XV herbis, XV figuris*. Det betyder Bogen om 15 stjerner – 15 sten – 15 urter – 15 tegn. Værket antages at have rødder helt tilbage i Ægypten og Grækenland, og det har været en tur over den arabiske verden, inden det blev oversat til latin i 1200-tallet.

Se – nu ved jeg ikke blot, hvor Gower fik sine 15 stjerner fra – jeg ved også, hvad der siden skete med dem hos Agrippa, og for sjov skyld har jeg prøvet at søge blandt healere, naturlæger og alternative behandlere, og her præsenteres jeg for de samme stjerner, planter og sten. Der er endda modulopbyggede kurser, hvor man kan lære Agrippa's magi!

Geoffrey Chaucer og The Franklin Tale

Det er Gower, som forklarer, hvordan verden hænger sammen og han gør det i et poetisk sprog, og havde det ikke været for hans samtidige, Geoffrey Chaucer, ville hans stjerne på den litterære himmel sikkert have tiltrukket sig en større del af historiens opmærksomhed, end den har. Men det stod i stjernerne, at han skulle dele tid med Geoffrey Chaucer, der var en endnu bedre historiefortæller *to telle it plein*. De to poeter var venner og skrev begge på tidens nye litterære sprog "engelsk"; hvad der følger her, er således en kulturs ungdomslitteratur.

Chaucers mest kendte værk er Canterbury Tales: en række historier, som bliver fortalt af pilgrimme på vej fra Southwalk i London til Thomas Beckets helgengrav i Canterbury Cathedral. En af fortællerne er en jordbesidder, som på engelsk hedder "franklin", og han har en historie, som Chaucer er blevet inspireret til af den italienske forfatter Giovanni Boccacio, der for sin del skrev Decameron. Vores historie foregår i Bretagne, altså på den franske side af den engelske kanal, i en by som hedder Amorica. Den handler om den skønne jomfru Dorigen, som tilbedes af den ædle ridder – *the knyghte* – Averagus, der gør sig de største anstrengelser for at vinde Dorigens kærlighed:

> There was a knyght that loved and dide his payne
> to serve his lady in his beste wise

Hans anstrengelser lykkes. Efter frieriet lover de to hinanden evig tillid og troskab i et ægteskab, hvor begge parter har lige vilkår. Averagus siger, han aldrig vil benytte sig af sin autoritet som familiens overhoved til at påtvinge hende nogen handling imod hende vilje ej heller vise hende jalousi, for kærligheden er som den frie ånd; den forsvinder, når den bindes som en træl; og hun lover på sin side at være ham tro til hendes hjerte brister:

> *Sir, I wol be youre humble trewe wyf*
> *Have here my trouthe til that myn herte breste*
> [*I will be your humble true wife*
> *hav her min troskab til mit hjerte briste*]
> ... det er næsten dansk!

Vor ridder drager nu til Engelond, for at vise sin tapperhed i strid, og Dorigen bliver tilbage med en overvældende længsel efter sin "housebonde". Hendes venner gør, hvad de kan for at muntre hende op og tager hende med til fester med sang, spil og bægerklang. Her møder hun en ung junker, Aurelius, som naturligvis falder pladask for Dorigen og ikke kan se sit fremtidige liv uden hende. Han beder om hendes gunst, men hun afviser, og da han bliver ved at trænge sig på, siger hun til sidst: *Ja, hvis du kan fjerne alle Bretagnes klipper ved havet, så skibene kan sejle trygt ind til land, da skal jeg nok blive din.*

> *Taak this for fynal answere as of me.*
> [*take this for final answer...*]

Aurelius er sønderknust. Opgaven var umulig. Ingen magter at fjerne Bretagnes sorte klipper. Han falder på knæ og bønfalder lysets og solens gud, Apollon, at skænke ham et højt tidevand, som kan dække klipperne. Han beder Apollon om at gøre sin indflydelse gældende over for sin søster, den strålende gudinde Lucinda, der ifølge Chaucer hersker over havet.

Lucina er lysets gudinde og – i denne sammenhæng måske irrelevant, men hun er også gudinde for de gravide kvinder, som bringer børnene for dagens lys, og jeg har læst, at hun endda har forbindelse til vore dages fejring af Santa Lucia, som netop handler om at bringe lyset frem i den mørke tid på året.

Her er Aurelius bøn:

Din velsignede søster, Lucina
havets øverste gudinde og regina
(skønt Neptunus vil over havet byde
er hun dog kejserinden han skal lyde)
I ved vel, Herre, at som hendes skød
kun næres og tændes af din glød
og hun dig derfor stændig følger
ligeså, følges hun af havets bølger
da hun er gudinden med attrå
Over havet og floderne, store som små
Derfor, Lord Phoebus, hør min requeste
Gør mirakelet ellers må mit hjerte briste
så næste gang I er i opposition
hvilket bliver i Løvens konstellation
da bed hende så stor en flod at bringe
at mindst fem favne vand oversspringe
de højeste klipper i Armorik Bretanne;
Og lad højvandet dér i to år stande
så jeg i sandhed kan sige min kære:
"Klipperne er væk, hold dit løfte og din ære"
Lord Phoebus, gør dette mirakel for mig
bed hende om at gå ej hurtigere end dig
ja, bed din søster at hun himmelfærden går
ej hurtigere end dig i disse tvende år
Da vil hun altid være fuld til mit behag
Og spring floden varer både nat og dag

[*Youre blisful suster, Lucina the sheene,*
That of the see is chief goddesse and queene
(Though Neptunus have deitee in the see,
Yet emperisse aboven hym is she),
Ye knowen wel, lord, that right as hir desir
Is to be quyked and lighted of youre fir,
For which she folweth yow ful bisily,
Right so the see desireth naturally
folwen hire, as she that is goddesse
Bothe in the see and ryveres moore and lesse.
Wherfore, lord Phebus, this is my requeste
Do this miracle, or do myn herte breste
That now next at this opposicion
Which in the signe shal be of the Leon,
As preieth hire so greet a flood to brynge
That fyve fadme at the leeste it oversprynge
The hyeste rokke in Armorik Briteyne;
And lat this flood endure yeres tweyne.
Thanne certes to my lady may I seye,
Holdeth youre heste, the rokkes been aweye.
Lord Phebus, dooth this miracle for me.
Preye hire she go no faster cours than ye;
I seye, preyeth your suster that she go
No faster cours than ye thise yeres two.
Thanne shal she been evene atte fulle alway,
And spryng flood laste bothe nyght and day.]

Er ovenstående linjer interessante? Ja, de er vanvittigt interessante, for de viser, at man i 1300-tallet havde en klar forståelse for månens indflydelse på havenes vandstand. John Gower fortalte i Confessio Amantis:

Benethe alle othre stant the Mone
The which hath with the See to done:

*Of flodes hihe and ebbes lowe
Upon his change it schal be knowe;*

Men han fortalte blot, at månen har indflydelse på tidevandet. I The Franklin Tale får jeg præcist at vide, at månen og solen skal være i opposition, altså på hver side af jorden, præcist hvad jeg oplevede på stranden på Hven. Og jeg lærer, at udtrykket "springflod" har 800 år på bagen. Chaucer havde endda så meget styr på tingene, at han kunne forudsige, at det ville ske, når Månen var i Stjernebilledet Løven. Aurelius er også klar over, at hvis månen i denne tilstand kredser om jorden med samme fart som solen – Aurelius beder ubeskedent om to år – vil månen være fuld hele tiden og højvandet vil holde sig konstant.

Godt gået, Chaucer! Med den indsigt i havenes bevægelser, er der ikke noget at sige til, at Engelond kom til at regere bølgerne de efterfølgende 6–700 år. Se også hvor han elegant får fortalt, at månen henter sit lys fra solen: *You know well, lord, that right as her desire Is to be queaked and lighted of your fire, ..ret som hendes begær fremmes og tændes af din ild..*" Jeg har Chaucer mistænkt for at have hentet inspiration fra vennens bog, Confessio Amantis.

Da Apollon som forventet ikke indfrier Aurelius bøn om at ændre solsystemet, går han hjem syg af sorg og må straks søge sengen. Dorigen bliver imidlertid snart glad for efter års fravær kommer hendes elskede Averagus hjem fra krigen:

*O blisful artow now, thou Dorigen,
That hast thy lusty housbonde in thyne armes*

I mellemtiden ligger Aurelius uhelbredelig syg af sorg, og hans bror forsøger at hjælpe, idet han fra sin studietid i Orleans i Frankrig kender en lærd ven, som havde kundskab i *Magyk natureel* – naturlig magi. De to brødre tager til Orleans og finder en magiker, som for den uhyrlige sum af 1000 pund guld lover at udføre bedriften og fjerne Bretagnes klipper mellem de to floder Gironde og Seine:

To remoeven alle the rokkes of Britayne
And eek from Gerounde to the mouth of Sayne

Aurelius accepterer tilbudet og troldmanden går I gang med sin kunst:

Sine Toledo tabeller rask han hented'
fuldt korrigeret så intet mangled'
hverken i de samlede eller udvidede år
hans rødder og hans udstyr var uden skår
ligeså hans centre og hans argumenter
og hans proportionelle elementer
i hans ligningern om det fjerne og nære
I hans arbejde med den ottende himmelssfære
han vidste nøje hvor Alnath var at skue
ud fra Vædderens plads på den faste himmelbue
som regnes for at være i den niende sfære
Kløgtigt han beregnede hvordan alt måtte være.
Da han havde fundet første hus til en start
hans sikre deduktioner fulgte i en fart
thi han kendte månens opgang helt eksakt
og vidste i hvis stjernetegn han skulle give agt
og han kendte månehuset ganske nøje
udfra det formål han havde sig for øje
han kendte også til andre observationer
hvis mørke gerninger og illusioner
vantro folk udførte i fordums dage.
Herefter var der ikke mer postyr tilbage
for takket være hans magi, i et par uger i træk
Syntes det som om alle klipper var væk.

[*His tables Tolletanes forth he brought,*
Ful wel corrected, ne ther lakked nought,
Neither his collect ne his expans yeeris,

Ne his rootes, ne his othere geeris,
As been his centris and his argumentz
And his proporcioneles convenientz
For his equacions in every thyng.
And by his eighte speere in his wirkyng
He knew ful wel how fer Alnath was shov
Fro the heed of thilke fixe Aries above,
That in the ninthe speere considered is;
Ful subtilly he kalkuled al this.
Whan he hadde founde his firste mansioun,
He knew the remenaunt by proporcioun,
And knew the arisyng of his moone weel,
And in whos face, and terme, and everydeel;
And knew ful weel the moones mansioun
Acordaunt to his operacioun,
And knew also his othere observaunces
swiche illusiouns and swiche meschaunces
As hethen folk useden in thilke dayes.
For which no lenger maked he delayes,
But thurgh his magik, for a wyke or tweye,
It semed that alle the rokkes were aweye.]

Dette er ægte naturlig magi; her kobler vi læserens forståelse fra og taler sort (omend det slet ikke er så sort som det lyder); her har vi videnskabsmanden, der ud fra sine tabeller over både de samlede og udvidede år, med centre og argumenter og latinske ligninger regner på himlen i månens forskellige huse, som er noget astrologerne opererer med. Og magikerens kunst virker. Aurelius er villig til at betale den store sum, når Dorigen har opfyldt sit løfte:

Aurelius, med roligt hjerte igen
Svarede så: "Ved Gud, tusind pund
Den vide verden, som man siger er rund

ville jeg give, om jeg beherskede den
Det er en aftale, for vi har knyttet bånd!"

[Aurelius, with blisful herte anoon,
Answerde thus: "Fy on a thousand pound!
This wyde world, which that men seye is round,
I wolde it yeve, if I were lord of it.
This bargayn is ful dryve, for we been knyt."]

Det her er rasende interessant, synes jeg. For her fortæller Aurelius, at jorden er rund! Jeg har ellers haft den opfattelse af, at jorden først blev rigtig rund med Columbus. Jeg kan huske min historielærer fortalte, at søfolkene på Columbus tre skibe i 1492 frygtede, at de på et tidspunkt ville falde ud over kanten af jorden. Men den holder ikke, lærer Frøslev, for The Franklin's Tale er skrevet i slutningen af 1300-tallet, før Amerika blev opdaget. Og her kan jeg læse, at man allerede i middelalderen var klar over klodens form.

Nå, tilbage til Franklin's Tale. Efter at Aurelius er kommet tilbage fra Orleans møder han Dorigen på gaden og beder hende gå ned til kysten, hvor hun kan se, at alle klipper nu er borte – dækket af havet. Derfor vil Aurelius gerne have at hun holder sit løfte og forlader sin ridder Arveragus. Efter denne chokerende meddelelse forlader han Dorigen ligbleg ...i hendes ansigt var ikke en dråbe blod

He taketh his leve, and she astronished stood
in al hir face nas a drope of blood

Det, som Dorigen aldrig havde forudset kunne ske, er sket. Hun er havnet i en uløselig knibe. Uanset hvilken mand hun vælger, vil hun bryde sit ord til den anden. Hendes ære er fortabt, og hun overvejer i et par dage at tage sit eget liv, det var moderne på de tider. Til sidst går hun til bekendelse og fortæller hele historien til Arveragus, som imidlertid siger, at han aldrig vil bede hende om at bryde sit ord, uanset hvor uoverlagt, det måtte være sagt. Han vil hellere leve et ulykkeligt liv i savn end tvinge hende til at bryde sit løfte til Aurelius.

Dorigen burde også have ladet være med at vælge klipperne ud for Bretagnes kyst. Det er faktisk ret dumt, for her kan tidevandet stige med op til 15 meter. Få steder på kloden er forskellen mellem ebbe og flod større end her. Ideen til historien kan jeg forestille mig, at Chaucer har fået, da han selv har set det imponerende tidevand på et tidspunkt. Chaucer var en rejsende mand, som var hemmelig gesandt for den engelske konge Henry II. Og Chaucer er i lighed med turisterne i dag også blevet imponeret af den store tidevandsbølge, som strømmer ind: "Ha, her har jeg plottet til min historie!"

På dette sted i efterforskningen bliver jeg glad for mig selv. Glad for at jeg har holdt på med at stave og digte mig igennem en gammel glemt historie fra det 14. århundrede. Glad for, at jeg gik ned på et rejsebureau og fik nogle turistbrochurer, som fortalte mig om det imponerende tidevand ved Bretagne kysten. Lige nu føler jeg, at det har været hele besværet værd. Brik efter brik er lagt sammen, så jeg nu har et godt billede af, hvordan man i middelalderen så på himlen og hvad man lagde vægt på, og som kronen på værket: jeg har opdaget, hvordan et andet menneske for 650 år siden fik en idé til en fortælling.

Det står ingen steder, men kombinationen af en kulørt turistbrochure og en middelalderlig håndskreven historie, bringer med ét slag historien til live for mig. Nu ved jeg, hvad det er sket. Jeg ved, hvad der er foregået i Chaucers hoved. Som mig, oplevede han tidevandet og det fik startet en historie for os begge.

NU må vi tilbage til historien og gøre den færdig:

Trist til mode går Dorigen til Aurelius for at indfri sit løfte, men da han ser den ulykkelige kvinde, som ikke elsker ham og opdager, at Arveragus hellere vil leve i skam og ulykke end tvinge hende til noget, indser han, at han skal lade Dorigen gå tilbage til sin elskede.

Og herefter er de faktisk ude af historien.

Averagus cherisseth hire as though she were a queene,
And she was to hym trewe for everemoore.
Of thise two folk ye gete of me namoore

Taberen i denne historie er tilsyneladende den unge junker Aurelius. Han fik ikke sin Dorigen, men til gengæld skal han nu udrede et tusind pund med magikeren, hvilket vil tvinge ham til at sælge sin arv og sætte ham i dyb gæld resten af livet. Han går til troldmanden for at få en afdragsordning, men da denne hører, at Aurelius af ædelhed har opgivet at hente sin pris hos Dorigen, opgiver også han sin fordring. Ingen skylder med andre ord længere nogen noget.

Fortælleren spørger herefter: *hvem af de fire personer optrådte mest ædelt?* Og det kan man så spekulere lidt over i den mørke middelalder; men den egentlige pointe er nok, at man skal være varsom med at love selv de mest usandsynlige ting. De kan blive aktuelle.

Sådan endte The Franklin's Tale, og den tegner et fantastisk billede af, hvilke tanker der rumsterede i det bedre borgerskab i slutningen af det 14. århundrede samt hvad de vidste om himlen og dens indflydelse på jorden. Helt så mørk virker middelalderen ikke; mennesker ved, at jorden er rund, og at månen og solen skaber tidevandet. Denne viden er sikkert ikke helt nagelfast, ellers ville Chaucer næppe gøre sig den umage at nævne det.

Derudover slår det mig, at han fortæller om et langt friere kvindesyn, end jeg havde forventet i 1300-tallet. Her er ikke kyskhedsbælter eller anstandsdamer, ægtefællerne tror på hinanden og viser tillid, de er ligeværdige og deres adfærd adskiller sig ikke nævneværdigt fra den, vi oplever i dag. Måske med undtagelse af det overvældende storsind, de viser hinanden.

En lille stjerne over horisonten

I et stykke tid har jeg været på jagt efter en lille stjerne lige over den sydlige horisont. Jagten startede, da jeg faldt over en artikel i Kristelig Dagblad skrevet af professor Helge Kragh fra Århus Universitet. Her nævnte han en stjerne ved navn Nunki. Nunki er min start på en ny forrygende historie, en fortælling om en fælles global referenceramme, og en forklaring på, hvorfor himlen vrimler med arabiske navne.

På vore breddegrader kommer Nunki aldrig særligt højt på himlen på trods af, at den er den nordligste stjerne i stjernebilledet Skytten. Mens jeg sidder og skriver, befinder den sig lige under Jupiter, så den er ikke svær at lokalisere for mig, hvis jeg ellers kan få ordentligt udsyn uden træer, skyer eller lyset fra det 21. århundredes civilisationen.

Men hvorfor vil jeg nu så gerne se denne stjerne? Fordi Nunki er en overlevering fra dengang, det hele begyndte. Ikke blot astronomien, men hele vor civilisation. Nunki er oprindelig skrevet i cunaiform, det første skriftsystem i historien, som sumererne opfandt i slutningen af det 4. årtusinde før vor tidsregning; Navnet Nunki er babylonsk, ingen ved, hvad det betyder, men det kan føres tilbage til dengang menneskeheden opfandt skrivekunsten, som blev udøvet ved, at man pressede kiler ned i våde lertavler, der siden blev tørret i solen eller brændt.

Og ler havde man nok af i civilisationens vugge. Den lå nemlig i Mesopotamien, "landet mellem floderne" Eufrat og Tigris, og igennem tre tusinde år beskrev sumerere, assyrere og babylonier deres religion, videnskab og handel i lertavler, som har kunnet overleve de mange år takket være det tørre landskab i det nuværende Irak. Af samme grund har vi i dag også god viden om, hvordan vor civilisation startede.

Det er tankevækkende, at et navn for en lysende plet lavt på den danske efterårshimmel, har bevaret sit navn siden Babylon. Og det er ikke det eneste. Man har fundet skrifter helt tilbage fra år 3200 før Kristus, som omtaler flere af de klassiske stjernebilleder.

I Jobs Bog kapitel 9 stykke 5 til 10, som jeg har nævnt, får vi de historiske rødder bekræftet: *Han udspænder himlen ene, skrider hen over havets kamme, han skabte Bjørnen, Orion, Syvstjernen og Sydens kamre, han udøver ufattelig vælde og undere uden tal.* Her er stjernebilleder som har stået uændret i bevidstheden siden civilisationens start. Eller sagt på en anden måde: I 2 millioner nætter, har vor del af menneskeheden fastholdt den oprindelige opfattelse af, hvad de klassiske stjernebilleder forestiller. Hvilken kulturel sammenhængskraft!

- - - -

På dette sted i min stjerneekspedition har jeg brug for time out. Jeg er i personlig krise; interessante oplysninger dukker op overalt, men hver gang jeg søger at finde svar på ét spørgsmål, dukker to nye spørgsmål op i stedet. Mit mindmap bugner af ideer og spørgsmålstegn. Laserprinteren kører på højtryk og jeg mister lidt efter lidt overblikket. Jeg ved ikke længere hvilken vej jeg skal gå. Der er så meget jeg gerne vil fortælle. Men min viden er usammenhængende...

Jeg er også blevet træt. Mit arbejde foregår oftest om natten, dels fordi jeg må vente på, at stjernerne dukker op på him-

len dels fordi jeg skal passe mit job, og først om aftenen kan gå i gang med mine undersøgelser. Jeg får for lidt søvn.

I tre uger parkerer jeg derfor hele mit projekt, men da jeg tager tråden op igen, er jeg lige forvirret. Jeg må gøre et eller andet for at komme videre. Da jeg begyndte, var jeg nødt til at bruge tid på at lære stjernerne at kende; jeg skulle finde rundt på himlen som en viking til søs, ellers kunne jeg ikke følge med i det jeg læste eller fik at vide.

Nu er jeg i samme situation – jeg er en glad amatør, som intet kender til stjernerne før det 11. århundrede, og i særdeleshed ved jeg intet om, hvad der er sket uden for Europa, og jeg har på fornemmelsen, at det er dér, næste ledetråd skal findes. Jeg bliver overbevist om, at min forvirring skyldes, at jeg ved for lidt. Jeg må simpelthen lære noget mere om astronomiens historie i Mellemøsten, og så må jeg se, om der ikke så dukker nye spor op.

Jeg går på amazon.com og støder på en Dr. John M. Steele. Han har skrevet Astronomy in the Middle East, en lille kortfattet introduktion til mellemøstlig astronomi; den er god at blive klog af for en drømmer på rejse, og med den i hånden begynder jeg at få overblik:

Det var mesopotamierne, der opfandt tiden, og de brugte både solen og månen til at definere den. Måneden begyndte den aften, man fik øje på den første tynde strimmel nymåne. Hvis det skete på den 30. dag i måneden, blev måneden ført tilbage, og den afsluttede dag, var så første dag i den nye måned; Hvis månen ikke blev set den 30. dag, blev måneden betegnet som komplet, og den nye måned begyndte så næste dag.

Det kan lyde kompliceret, men resultatet er, at månederne skiftevis var på 29 og 30 dage, hvilket i gennemsnit giver et år på 354 dage; altså godt 11 dage for kort til det virkelige år. Det gav rod i systemet, at året således skubbede sig 11 dage i forhold til årstiderne. For at løse dette problem indførte mesopotamierne en "skudmåned" hver 3. år, for at få årstiderne til at passe nogenlunde; præcist som vi har et skuddag i februar hver 4. år, for at tage højde for, at Jorden er 365 plus en kvart dag, om at komme rundt om solen.

For babylonierne var det altså himlen som styrede tiden, men babylonierne var også mennesker, som ville have orden i tingene, og man opfandt derfor en "ideal kalender", hvor året var på 360 dage opdelt i 12 måneder á 30 dage. Det passede også godt til administrative formål. Jeg har engang været redaktør for et finansmagasin, og dengang regnede bankerne tilsvarende med et 360-dages finansår, når man skulle beregne renter. En måned gav 30 dages renter uanset og måneden havde 28, 29, 30 eller 31 dage. På 4.000 år er der altså ikke sket noget epokegørende på det område, hvilket fortæller noget om både mesopotamiere og bankfolk.

Men vi skal tilbage til Mesopotamien og tre meget vigtige lertavler, som blev skrevet af babylonske astronomer i slutningen af 2. årtusind før Kristus. Det angiver 66 stjerner og 18 stjernebilleder omkring ekliptika, som er den bane solen og planeterne følger over himlen. De 18 stjernebilleder er selvsagt placeret uregelmæssigt på himlen, og det generede astronomer i den sen-babylonske periode, som går fra 750 f. kr. til 43 e. kr. Ikke stjernebilledernes placering, forstås, men den måde, man havde valgt at opdele ekliptika på. Som med den ideelle kalender, skulle også himlen idealiseres. Derfor opdelte man nu ekliptika, som man havde opdelt året. Man optalte den i 360 grader og opdelte himmelcirklen i 12 afsnit á 30 grader og adresserede et stjernetegn til hver sektion. Derved fik vi de 12 stjernetegn, som astrologerne stadig boltrer sig i. Men vi fik også den opdeling af tid og rum, vi har fastholdt lige siden.

At man i det hele taget havde den store kærlighed til 360, skal ses i lyset af, at babylonierne anvendte et seksagesimalt talsystem; et system som baserede sig på tallet 60, i modsætning til vores vestlige, der baserer sig på 10-tal systemet, som vi i sin tid fik af araberne. 360 er 6 x 60. 12 er en femtedel af 60. Vi opdeler ikke blot året efter 60-tal systemet, vi opdeler også døgnets minutter og sekunder efter babyloniernes model. Det seksagesimale talsystem er lige så gammelt som kileskriften; at vi har bevaret nogle navne og tolkninger af stjerner er interessant, men det er endnu mere fascinerende, at vores måde at opdele rum og tid på er lige så gammel som kulturen selv.

Med de 12 stjernetegn i dyrekredsen omkring 360 graders ekliptika, fik astronomerne en ny klar måleenhed, som øgede præcisionen af deres iagttagelser, og gik herefter for alvor i gang med at studere stjernerne. I 800 år studerede babylonierne stjernerne hver eneste nat og deres resultater blev foreviget i ler fra Eufrat og Tigris flodernes bredder. I vesten har vi studeret himlen systematisk i 400 år. Babylon gjorde det dobbelt så længe og de fik en struktureret indsigt, der satte dem i stand til at beregne sol- og måneformørkelser og forudse, hvad der ville ske på himlen. Man mente, at fremtiden var tæt knyttet til stjerner, planeter og solen. Himmellegemerne var Gudernes tegn til menneskene, og kunne man tolke disse tegn, kunne man gardere sig mod dårlige udsigter.

Undervejs fik babylonierne inspiration fra perserne, som erobrede området; men besætterne lod astronomerne fortsætte deres værk, og i det 4. århundrede før Kristus kom også Alexander den Store og grækerne; de bragte ikke ny inspiration med sig; de tog tværtimod ny viden med hjem til filosofferne, som i århundrede var vandret rundt med bøjet hoved og havde forsøgt at tænke sig til alting. Nu fik ikke mindst tænkeren Aristoteles, der var Alexander den Stores læremester, århundreders faktuelle observationer af himlen leveret på et sølvfad, og dermed begyndte kvaliteten af grækernes astronomiske viden at vokse. Det kulminerede omkring år 150 efter Kristi fødsel, da den græske videnskabsmand Claudius Ptolemæus i Alexandria i Ægypten skrev værket Megale Syntaxis; Disse bøger opsamlede den viden, den klassiske verden havde om geografi, matematik og blandt andet også universet, og det byggede primært på babyloniernes observationer. Det kan astronomerne blandt andet se i værkets tabeller. De passer bedre, hvis man står i Bagdad end i Athen eller Alexandria.

Værket var epokegørende. Som babylonierne havde introduceret de 12 stjernebilleder på ekliptika og de 360 grader, introducerede Ptolemæus himlens opdeling i de 48 stjernebilleder, vi den dag i dag har på den nordlige nattehimmel. Den sydlige halvkugle vidste han ingenting om, den kom først ind i billedet tusind år senere. I Ptolemæus Megale Syntaxis er anført 1022 stjerner med deres position på himlen samt manualen til forståelsen af den: Et halvkugleformet firmament til alle fiksstjernerne og de 7 planeter, heri medregnet sol og måne, som alle sammen cirklede rundt om universets midtpunkt, jorden.

At støde på denne beskrivelse af Megale Syntaxis og Ptolemæus gør mig glad. Det var fra denne filosof den engelske digter John Gower fik sin viden og indsigt. Jeg har hørt Ptolemæus omtalt i forbindelse med Hamlet og den falske kong Claudius, og han dukkede igen op i Confessio Amantis og tre linjer, som jeg fik gendigtet:

Pas på, for nu vil jeg begynde
det som filosoffen lærte
i Alexandria og siden os belærte

Gower fortalte jo selv, at han havde det fra Ptolemæus i Alexandria!

Dér var ledetråden jeg savnede i mit enorme materiale og forvirring. Nu er jeg tilbage på sporet – jeg kan nu følge vandringen af Mesopotamiens himmelsyn på lertavler gennem grækernes Megale Syntaxis og herfra videre til middelalderens Nordeuropa gennem John Gower og Geoffrey Chaucer historier og herfra ind i renæssancen med Shakespeares skuespil og Tycho Brahe på Hven.

Men der er et hul i historien. For efter udgivelsen af Megale Syntaxis og den klassiske kulturs sammenbrud i den 5. århundrede gik Europa i sort og Ptolemæus gik i glemmebogen. Han forsvandt simpelthen ud af Europas kollektive hukommelse. Hans pergamenter mørnede og forsvandt til støv og aske – han blev glemt som en tre sæsoner gammel popstjerne.

Hvordan havnede han så alligevel på John Gowers skrivebord, når han var glemt i hele Europa?

Den nye Kultur

Den kulturelle redning kom fra syd, om end det også gav visse problemer for Europa, da Islam i midten af den 7. århundrede begyndte at samle de arabiske stammer i Mellemøsten til en ny stormagt. Med den nye religion fulgte en ny ung kultur, der var interesseret i at forstå universet og stjernerne. Som alle unge kulturer var Islam videbegærlig. Den største og vigtigste kilde til viden om universet fandt man i de græske skrifter, og ikke mindst Megale Syntaxis. Den blev derfor oversat til arabisk, hvorefter den kom til at hedde "Almagest", som er en arabisering af den græske titel. I århundreder havde araberne og perserne Almagest for sig selv, og værket vendte først tilbage til Europa, da en italiensk munk Gerardus Gremonensis, (1114 til 1182) fra Toledo i Sydspanien oversatte Almagest fra arabisk til latin. Indtil da havde Ptolemæus været ude i europæisk glemsel i et halvt årtusinde. Det er derfor med fuld ret, at det blev det det arabiske navn, som hang ved.

Der var en forrygende interesse for astronomi i den nye muslimske kultur. I det 9. århundrede blev der fx etableret et observatorium i Bagdad, så Mesopotamien kom tilbage i toppen af astronomiens liga. Perserne stod ikke tilbage for araberne og i processen integrerede de muslimske astronomer Ptolemæus' græske navne med nye lokale arabiske stjernenavne.

Stjernen Alamak, kommer fx af det arabiske al-anaq, der betyder en ørkenlos. Sådan et navn skal man til Arabien for at finde på; men vi kan i dag stadig se Alamak, som den sidste stjerne i Andromeda, dér hvor stjernebilledet knyttes sammen med Pegasus. Et andet arabisk ørkennavne er Al Thalimain, der betyder "strudsen"; et tredje kan være "Edasich", der er en forvanskning af det arabiske ord for en "han-hyæne" (Al Dhih).

Stjernehimlen blev beriget med nye navne, hvor de nye astronomer fandt det nødvendigt, men de efterprøvede også tabellerne fra Almagest og udarbejdede nye og mere præcise beskrivelser af stjernehimlen; de arabiske og persiske astronomer udviklede også nye måleredskaber, de udviklede matematikken, og de fik en større forståelse for himlen over sig. Hvor astrologien hidtil havde været drivkraften bag stjernekiggeriet, blev det nu de praktiske religiøse behov, som fik mennesker til udforske stjernerne.

De troende skulle bede fem gange om dagen og havde derfor behov for at finde retningen mod Mekka. Det blev anset som en astronomisk opgave; man måtte som de søfarende orientere sig mod himlen; og som med de gamle mesopotamiere, fulgte og følger den islamiske kalender den dag i dag månen; det gør vor egen kristne kalender i øvrigt også: Påskedag er altid den første søndag efter første fuldmåne efter forårsjævndøgn.

Men tilbage til Islams kalender; hver måned starter ved synet af den første tynde nymåne, og muslimernes fasteperiode, Ramadanen, indledes ved 9. nymåne i året; da den muslimske kalender følger månen, fejres Ramadanen nødvendigvis 11 dage tidligere år for år, indtil man efter en periode på omkring 33 år har taget en fuld cirkel.

Den astronomiske viden, som de islamiske astronomer skabte og de instrumenter, de konstruerede, vandrede i middelalderen til Europa gennem Konstantinopel, som var tæt på Bagdad og Damaskus, og gennem Spanien, hvis sydlige del var besat af maurerne helt frem til slutningen af det 15. århundrede.

Og det er i Sydspanien, det spændende sker – så dér tager jeg nu ned.

Til Andalusien

Jeg vil ned, hvor vækstlaget i verden var for 900 år siden. Jeg har forladt Hven i Øresund, har taget fri fra arbejde og er draget til Andalusien i Sydspanien. Ned til Granada med Alhambra – det røde slot – og ikke mindst Cordoba, hvor europæiske videnskabsfolk i middelalderen mødte islamiske og jødiske kolleger, og hvor der foregik en heftig oversættelses-aktivitet.

Allerede første aften sidder jeg på balkonen og ser den ikke alt for klare stjernehimmel, men når der opstår huller i skylaget, glæder jeg mig over at opdage de samme stjernebilleder som derhjemme, skønt 3000 kilometer mere mod syd. Jeg genkender Jupiter på den tidlige aftenhimmel; og jeg kan med det blotte øje konstatere, at den var højere på himlen end derhjemme. Det samme ser jeg, når Sirius dukker op sent på natten i direkte forlængelse af Orions bælte.

Sirius har jeg ikke set længe, og det er faktisk første gang i mit liv, at jeg har konstateret, at himlen ser anderledes ud, hvis man flytter sig længere mod syd. Det var denne oplevelse, filosoffen Ibn Rushd havde i 1153, da han kom til Marrakesh i Nordafrika, inviteret af Sultanen. Han så blot ikke Sirius men også dens nærmeste konkurrent, Canopus, som lyser næsten lige så kraftigt som Sirius, men som står så lavt på himlen, at den ikke kan ses fra Cordoba – men den kan ses i Marrakesh. Det overbeviste den arabiske filosof Ibn Rushd om, at jorden måtte være rund, som Aristoteles havde sagt.

En rund jord forklarede, hvorfor stjernehimlen forandrede sig, når man rejser mod nord og syd. Aristoteles støttede også denne antagelse på sine iagttagelser fra måneformørkelser. Når jorden kaster sin skygge på månen, kunne han se jordens krumning. Ibn Rushd troede fuldt og fast på en rund jord, og han var angiveligt den første på de kanter, som mente, at der var land hinsides Atlanterhavet – oppe hos nordboerne var man flere århundrede tidligere blevet klar over dette, da man ved hjælp af "leidastjerna" havde navigeret til Island, Grønland og Vinland på det nordamerikanske kontinent.

Jeg har fundet en læsesal midt i Cordobas turisthelvede. Stedet er et renoveret arabisk hus fra middelalderen, hvor en beskeden entré på 2,5 euro er nok til at holde de vilde horder ude. "Skal vi betale for et komme ind, så gider jeg godt nok ikke" kommer det fra en overbelyst jydsk familiefar. Og det passer mig fint, for så kan jeg sidde i fred med mine bøger til lyden af dæmpet arabisk fløjtespil. Jeg har fundet en fransk bog, som præsenterer 500 års muslimsk excellence. Fransk er ikke min stærkeste side, men da emnet ikke længere er nyt for mig, kan jeg følge med og forstå teksterne. Bogen bringer smukke gengivelser af Almagest oversættelser, arabiske tegninger af stjernebilleder, stjernetabeller, sirligt kalligraferede horoskoper og flotte måleinstrumenter af messing, som astronomerne orienterede sig på himlen med.

I midten af 1300-tallet, da Cordoba er blevet generobret af de kristne hære, var de fleste arabiske bøger om astronomi og matematik allerede blevet oversat til latin. Alt det Europa havde glemt og forsømt i den mørke middelalder, kom nu tilbage igen i bedre stand end det var afleveret og det skabte fundamentet for renæssancens nye himmelvindinger.

Den islamiske kultur havde sat et tydeligt aftryk på nattehimlen. Nu myldrede det med arabiske stjernenavne. Men de havde ikke fjernet tidligere kendetegn. Himlen var fortsat opdelt efter mesopotamisk vis i 360 grader og med 12 lige store stjernetegn over ekliptika, grækerne havde leveret en masse gudebilleder og fantasifulde fortællinger, mens romerne havde leveret planetnavnene. Hele det 5.000 år lange himmelprojekt har været kendetegnet af en multikulturel åbenhed og accept.

Jeg er taget til Cordoba for at opleve stemningen, for at være hvor det skete. Jeg har siddet i den sydspanske stjernenat, der er fyldt med flagermus som derhjemme men tilsat en konstant sang fra cikader. Jeg været i den fantastiske moské og katedral, udsmykket og skabt af arabiske arkitekter men i dag tilføjet nye kristne symboler, efter at de fremmede var fordrevet; men korancitaterne er stadig på væggen, de falder hverken af eller krakelerer, fordi man læser op af biblen i det imponerende rum, som er på størrelse med moskeen i Mekka. Og Biblens blade gulner ikke, fordi den skal dele rum med arabiske tegn. Dertil er de begge for sejglivede.

Men mit mål er slet ikke Cordobas katedral; det er en statue af filosoffen Ibn Rushd, som på latin hedder *Averroës*. De havde en lille buste af ham på min læsesal, men nu vil jeg finde den statue, som jeg ved, står et eller andet sted uden for den gamle by. At den står uden for den gamle by er omtalt i den engelsk-pakistanske poet Alamgir Hashmi, som skrev digtet "In Cordoba"

Outside the lichened Arabic walls
Averroës waits
While the city's angels take new language courses
And operate the official grapevine
But you haven't walked out of it yet –
a white handkerchief across the city's face.

Hasmi er en transnational humanist, som blev opmærksom på globaliseringen før den for alvor slog igennem og identificerede de stridigheder, som følger i globaliserings kølvand. Jeg har hans digt med hjemmefra samt en lille bog med middelalderdigte fra Al Andalus – som maurerne kaldte dette område – og som jeg har købt i en boghandel på byen. Nu sidder jeg og læser digte på en café lige over for statuen af Averroës, der tilsyneladende har fået slået næsen af, men sådan kan det jo gå i verdenen, hvis man stikker den for langt frem. Spørg blot Tycho Brahe på Hven.

Og Ibn Rushd/Averroës stak sin næse frem. Han var digter, jurist, matematiker og læge og i særdeleshed en af de vigtigste filosoffer i det 12. århundrede, overhovedet. Ibn Rushd er født i 1126 i Cordoba, og han er en af de mænd, vi kan takke for, at Aristoteles' tanker, der i dag er en livsvigtig del af det europæisk tankegods, har overlevet og fået den placering, det har. Op til midten af det 12. århundrede var der kun ganske få latinske oversættelser af Aristoteles tekster, og han var negligeret af Europas lærde. Men i modsætning til Europas tænkere var Ibn Rushd glødende optaget af den græske filosof, hvis verdensbillede lå til grund for Ptolemæus' beskrivelse af universet. Ibn Rushd's kommentarer til Aristoteles tanker var i mødet med europæiske lærde blevet oversat til latin, og det var gennem Rushd's kommentarer, at Europa genvandt interessen for Aristoteles og hans hyldest til rationalet; uden ham er det tvivlsomt, om vores nuværende demokratiske værdier havde set ud, som de gør. Rushd forsøgte at forlige muslimsk teologi og med Aristoteles' filosofi; han søgte at vise, at filosofi og teologi var to forskellige veje til forståelsen af den samme sandhed. Han mente, at Aristoteles' analytiske tilgang også var en tilgang til forståelse af Koranen. Han hævdede at forskelle i den demonstrative sandhed, som filosofien præsenterede, og den bogstavelige forståelse af de hellige skrifter, som teologerne prædikede, kun var tilsyneladende. Hvis der var uenigheder, måtte de hellige skifter forstås billedligt, idet der med vore dages sprogbrug var tale om religiøs storytelling, hvor man gennem eksempler, forsøgte at forklare for menigmand, hvordan skrifterne skulle forstås.

Man kan forestille sig, hvordan de ortodokse religiøse ledere i den muslimske verden i 1100-tallet så på Rushd's tanker om den såkaldte "dobbelte sandhed". Ikke godt, og i 1195 beordrede kaliffen Al-Mansôur alle Rushd's værker brændt og filosoffen måtte i nogle år holde ekstrem lav profil i en lille by Lucena, som jeg kørte forbi på motorvejen mellem Malaga og Cordoba. Heldigvis var mange af Rushd's værker oversat til latin, så nu kunne Europa betale en del af sin gæld tilbage til den islamiske verden. Manden, som havde sikret Aristoteles overlevelse for Europa, undgik nu selv forglemmelse, takket være den europæiske interesse for hans filosofi. Hans værker blev også oversat til hebraisk og de har tilsvarende fået varig indflydelse på jødisk filosofi. Ibn Rushd fik det latinske navn Averroës, som han blev kendt under i Europa, hvor nye tænkere siden tog hans ideer op.

- - -

Jeg slår min lille rejsecomputer sammen, den er ved at løbe tør for strøm, og rejser mig fra cafeen over for statuen af Averroës uden for Cordobas mure; jeg skal på en afstikker til Italien – til renæssancen – og på vejen ned til parkeringspladsen plukker jeg en appelsin fra et af de mange appelsintræer på torvet.

Munken fra Nola

En af de mænd, der blev påvirket af Averroës tanker tre et halvt hundrede senere, var en ung dominikanermunk, Giordano Bruno. Han kom til at blive en sten i skoen for stort set alle Europas videnskabelige og religiøse trendsættere i sidste fjerdedel af det 16. århundrede – og selvom man gjorde, hvad man kunne, for at ignorere hans tanker og skubbe ham ud i glemslen, blev stenen ved med at gnave ikke mindst i katolikkernes fodsåler på deres vej op prædikestolen helt frem til 1966.

Historien om Giordano Bruno er fantastisk. Den dukkede op i min research blandt 2,8 millioner hits, da jeg googlede "Averroës". Pludselig kom et link med Brunos navn. Jeg klikkede på linket, og det blev starten på tre måneders medrivende efterforskning. Jeg kendte intet til Giordano Bruno, men efter at have læst et par afsnit om Brunos liv blev jeg fanget. Jeg kunne ikke slippe ham igen; jeg har siden downloadet og udskrevet omkring 1000 A4-sider fra forskellige bibliotekers bogindskanninger, og jeg har 2–3 tykke bøger, jeg stadig mangler at læse.

Giordano Bruno er blevet min nye helt; han er en super nova på den mørke europæiske himmel ved indgangen til det 17. århundrede. Jeg er blevet så betaget af Bruno, at jeg i skrivende stund er stærkt fristet til også at skrive hans biografi på dansk; det har ingen gjort endnu.

Bruno blev født i 1548 i den lille syditalienske by Nola uden for Napoli. Syditalien var dengang endnu under spansk herredømme, og Giordanos far var soldat for spanierne. Giordano var egentligt døbt Filippo, men han gik ikke militærvejen – han gik kirkens – og undervejs skiftede han navn til Giordano, som jeg vil kalde ham fremover.

Som 14-årig blev han indskrevet på klosteret San Domenico Maggiore, hvor den berømte Thomas Aquinas havde undervist i 1200-tallet. Klostret husede også Napolis universitet, og i de kommende år stiftede den unge soldatersøn bekendtskab med alle de store tænkere – ikke mindst Aristoteles og i den sammenhæng Ibn Rushd/Averroës, der var Aristoteles kommentatoren par excellence. Alt hvad den unge mand hørte og læste sad fast. Altsammen. Bruno havde en fotografisk hukommelse støttet af en mnemoteknik, som han udviklede over tid. På et tidspunkt blev den unge dominikanermunk sågar vist frem for Paven Pius V, for hvem han citerede Salme 86 fra Biblen på hebraisk forlæns og baglæns – ord for ord. Jeg har selv fundet teksten på hebraisk, og den er ikke let. Bruno blev munk som 19-årig, ordineret præst som 23-årig og doktor i teologi fire år senere.

Havde Bruno så kun haft klæbehjerne, ville hans liv have udviklet sig let og ukompliceret, han kunne have gjort en strålende karriere inden for kirken; men Bruno havde også en kritisk hjerne, han var kreativ ud over alle grænser og sandhedssøgende til det kompromisløse. I stedet blev han en tikkende bombe i klostret og den Romersk katolske Kirke. Han læste forbudte bøger, argumenterede for Copernicus, afviste jomfrufødsler og i 1576 havde han udfordret skæbnen en tand for meget. Inkvisitionen var på vej med en anklage om kætteri, så Bruno måtte forlade klostret i en fart og begav sig nordpå på en 10.000 kilometer lang europæisk vandring over 16 år.

Først gik turen til Rom, men da jorden også begyndte af brænde under ham dér, fortsatte han til Geneve i Schweiz. Han måtte imidlertid også forlade Geneves Universitet tidligere end planlagt, da han blandt andet skrev et opslag med 20 fejl, som en højtplaceret professor, Antoine de la Faye havde begået i en enkelt forelæsning. Det var ikke smart og resulterede i en anklage om bagvaskelse; herefter kom han på kant med de glædesløse og strenge calvinister, som huserede i Geneve, og så måtte Bruno flygte videre til Toulouse i Frankrig, hvor han fik en stilling som lektor i Aristoteles lære. Næste etape var Paris i 1581, hvor han imponerede den franske konge, Henri III, med sine hukommelseskunster. Efter Paris gik turen til London.

Jeg har købt en flybillet og er fulgt efter ham, for at fortsætte min research på et lille hotel i Kensington...

Bruno i London

Bruno opholdt sig i Englands hovedstad fra 1582 til '85 som gæst hos den franske ambassadør Michel de Castenau. Italiensk var "chic" i London på Dronning Elisabeths tid, og her var en begavet og anderledes italiener, som kunne huske på grænsen til det mystiske. Bruno blev også introduceret for den engelske dronning. Han var betaget af hende, hun betragtede ham derimod som radikal og farlig.

På den tid rejste man fra universitet til universitet og lærte og forelæste. God idé, ikke? Vores egen Tycho Brahe, gjorde det samme, han studerede på tilsvarende vis ved en række universiteter i Europa. Bruno havde undervist i Toulouse og Paris og nu ville han også prøve lykken i Oxford. Det blev ingen succés. Han talte varmt for Copernicus' verdensopfattelse og angreb Aristoteles' konklusion om, at jorden var centrum i universet. Han blev buh'et ud af Oxford. Her som så mange andre steder var Aristoteles en helligdom, og det er ironisk, at netop Giordano Bruno blev angrebet som Aristoteles-modstander. Han var ganske vist kritisk over for en geocentreret-verdensopfattelse, og ville ikke acceptere den, blot fordi den kom fra den gamle grækers mund. Bruno udfordrede nemlig enhver dogme og enhver autoritet; ingen havde mere ret til at finde sandheden end andre. Han var netop derfor mere end nogen anden filosof på den tid fortaler for Aristoteles' rationelle tilgang til verden. Det var Bruno, der formulerede begrebet *Libertes Philosophica*, friheden til at tænke vore egne tanker og retten til at filosofere og ræsonnere frit.

Men de engelske lærde gjorde grin med den italienske filosof med den sjove dialekt og de store sydeuropæiske armbevægelser. En af tilhørerne, George Abbot, hånede Bruno for hans støtte til *Copernicus' teori om at jorden bevægede sig og himlen stod stille, når sandheden var, at det var Brunos hoved der løb rundt og hans hjerne, der ikke stod stille.* Abbot blev senere ærkebiskop af Canterbury! Bruno på sin side fandt englænderne simple, grove og de lavede pruttelyde med munden, når de talte.

Mens han var i London skrev han to bøger, hvori han fremturede med to radikale budskaber: at solen var centrum i universet, og at universet var uendeligt, med et uendeligt antal sole og med liv på andre planeter end jorden. For en Gud med endeløs magt var en verden med endeløs liv ikke uforeneligt.

Han mødte samme slags modstand som Averroës i Cordoba. Her er et uddrag af hans bog *De la causa, principio et una*, som betyder *Om årsagen, princippet og enheden*:

Denne hele klode, denne stjerne, er ikke genstand for død; og opløsning og tilintetgørelse er umuligt noget sted i naturen, som fra tid til anden fornyer sig selv ved at ændre og udskifte alle sine dele; der er intet absolut op eller ned, som Aristoteles lærte os; ingen absolut position i rummet; men en position af et legeme er relativ til andre legemers position. Overalt er der en uophørlig relativ forandring af positioner igennem hele universet, og observatøren vil altid være i midten af ting.

Wow – munken fra Nola kan se universet på hovedet; han ser det uendeligt og i et evindeligt kredsløb: når vi dør og forsvinder fra jorden, vil vi atter indgå som del i et nyt liv. I *L'infinito Universo e Mondi*, som Bruno fik udgivet, mens han var i London, skriver han: *Jorden, den guddommelige moder, som har født os og næret os og som til sidst vil tage os tilbage i sin barm.*

Men hvor bliver Gud så af i alt dette? For i det univers, Bruno opridser, er det ikke plads til den bogstavelige opfattelse af Gud, som biblen tegner. Det er ifølge Bruno også blot billedsprog, der kan forklare Gud for folket, som også Averroës fremhævede for det muslimske præsteskab. I Brunos udlægning følger Gud med helt ud i de fjerneste hjørner af universet og helt ned i de mindste partikler. Gud er alle vegne – og det er noget sludder, når man i den hellige nadver siger, at vinen bliver til Jesu blod, når vi drikker det. Gud er ifølge Bruno allerede i vinen.

Som jeg ser det, gør Bruno det enkelte menneske til centrum i sit eget univers, og Gud bliver en integreret del af alt. For mig begynder moderne tider nu med Bruno. Han har tre grundlæggende ideer, som hans filosofi knytter sammen, nemlig det uendelige rum, solen som centrum for vort verdensbillede og opfattelsen af, at vores verden kan blive småt i det uendelige. Han omtaler de små partikler som "frø", der er ens i hele universet og som bliver holdt sammen af Guds kærlighed. Det skildrer han i digte i 1591, og jeg tror, at Bruno på det tidspunkt følte, at hans brikker var faldet på plads. Det eneste, han mangler, er faktisk bare at udkaste teorien om "The Big Bang"

Man kan ikke undervurdere Bruno: han kunne fornemme universet og den større mening, som ingen før ham, og med Bruno hænger vort moderne billede af Gud og universet sammen. Hans opfattelse af universet er en del af afsættet for den moderne tidsalders genier som Einstein og Hawking. Hvis Tycho Brahe havde accepteret Brunos uendelige univers, ville også hans livsværk have set anderledes ud.

Betvivl blot at Solen bevæger sig

Mens jeg sidder og skriver alt dette, bliver jeg mere og mere overbevist om, at Shakespeare må være inspireret af Bruno. Italieneren var i London, da Shakespeare var midt i 20erne. De kan faktisk have mødtes, de kendte den samme trykker. Men uanset om de mødtes, var Shakespeare klar over, hvad der foregik. Han var en hund efter dramaer, og Bruno var en mand, der udfordrede det gamle verdensbillede og lavede rav i gaden; derudover havde Bruno mødt Europas ledende regenter samt paven, så han var en celebrity af sin tid.

Jeg bliver med ét optaget af at finde ledetråde, som kan knytte de to mænd sammen. Og jeg finder faktisk nogle!

Renæssancen var skueplads for opgøret mellem det gamle geocentriske verdensbillede med jorden som centrum og det nye univers, der blev introduceret af Copernicus med solen som centrum. Faktisk havde der allerede i antikken været spage røster fremme for en heliocentriske model, helios betyder sol på græsk. Det var grækeren Aristarchus, men han var blevet leet og hånet ud ad banen af den klassiske intelligentsia, og ingen havde for alvor vovet at stikke hovedet frem med de nye kætterske tanker i halvandet årtusinde.

Intet teaterstykke i historien er mere analyseret end Hamlet; men en ny spændende vinkel i forståelsen af Hamlet er skildringen af kampen mellem den gamle og nye astronomi, hvor danske Tycho Brahe står for den gamle og falske opfattelse mens

PÅ EVENTYR MELLEM HIMMEL OG JORD

Shakespeares ven, den engelske astronom Thomas Digges, står for den nye verdensforståelse. Det giver også skuespillets indledning med den nye stjerne større betydning. Oplægget til denne astronomiske Hamlet-fortolkning kommer fra den pensionerede astrofysiker Peter D. Usher, og hans ideer er fascinerende:

Det gamle og falske astronomi er i Hamlet symboliseret ved Kong Claudius. Han har uretmæssigt tilranet sig magten og den *centrale* position i Danmark ved at dræbe Hamlets far og tage hans enke til hustru; om ham cirkler de forskellige planeter. I Ushers udlægning er Hamlet solen og Ophelia er månen. Usher fremhæver, at netop navnet 'Ophelia' er sammensat af "op(ob)", som vi kender fra fx ordet "opposition" – altså modsætning – til "helios", solen, der i hunkøn bliver til "helia"; her er de to ægte og dominerende himmellegemer – Kong Claudius er den falske. Interessant er det også, at hele det geocentriske univers mere end noget andet tilskrives en græker ved navn Claudius – nemlig Claudius Ptolemæus.

Det berømte citat fra Hamlet *Something is rotten in the state of Denmark*, er ifølge Usher ikke kun med reference til kongedømmet, det refererer til den etablerede opfattelse af universet.

Som nævnt kendte Shakespeare Thomas Digges (1546 til 1595) og denne astronom, så også universet som et uendeligt rum, hvor stjernerne var som vor egen sol. Faktisk er Thomas Digges og Giordano Bruno rørende enige om verdensbilledet, så det er vanskeligt at forestillet sig, at Digges ikke skulle være påvirket af Bruno og hans bøger. Jeg har søgt en masse referencer, men kan ikke se, at de to skulle have mødt hinanden;

Men hvorfor pakker Shakespeare så sine holdninger om det nye univers så godt ind? Usher mener, at det er af hensyn til sin egen sikkerhed. Den engelske matematiker Thomas Harriot blev kastet i fængsel, simpelt hen fordi hans blev sponseret af sir Raleigh, der var under anklage for ateisme. Thomas Digges undgik kun at blive anklaget for sine kætterske tanker ved elegant at putte dem ind som appendiks til sine almanakker; heller ikke dengang læste man det med småt. *Og som vi senere skal se, skulle det også blive fatalt for Bruno at tale de etablerede meninger imod.*

Der var med andre ord sund fornuft for William Shakespeare i at gå stille med døren om sin heliocentriske verdensopfattelse. Det kaster et særligt lys over følgende citat, hvor Hamlet i 2. akt scene 2 siger til Rosencrantz og Gyldenstjerne:

O God, I could be bounded in a nutshell, and count myself a king of infinite space – were it not that I have bad dreams.

hvilket på dansk bliver:

[Ved Gud, jeg kunne være fange i en nøddeskal, og regne mig selv som konge af uendeligt rum – hvis det ikke var for mine onde drømme.]

Her nævner Shakespeare og Hamlet direkte "det uendelige rum" og med sin London-udgivelse "L'infinito Universo e Mondi" i hukommelse, vil jeg give Bruno ære for det citat. Jeg tror også, at min italienske ven har haft indflydelse på følgende citat fra Hamlet:

Betvivl du blot at stjerner er ild
Betvivl blot at solen bevæger sig
Tro blot at sandhed er løgn
Men betvivl aldrig jeg elsker dig

[*Doubt thou the Starres are fire;*
Doubt that the Sunne doth moue
Doubt Truth to be a Lier,
But neuer Doubt I loue.]

Udover at det er en smuk kærlighedserklæring fra Hamlet til Ophelia, afslører citatet også, en gryende overbevisning om, at det er solen, der står stille og jorden der drejer; ellers ville Shakespeare ikke fremhæve at nogle tvivlede på den nye verdensorden. Tankerne var dem, Abbot hånede Bruno for i Oxford.

I stykket overrasker vennen Horatio Hamlet, mens han taler med sin fars spøgelse, og Horatio bliver af Hamlet bedt om ikke at fortælle til andre, hvad han netop har oplevet. Horatio er student fra Wittenberg, hvor også Tycho Brahe kom fra, og dermed en klassisk dannet filosof, der har svært ved at få spøgelser til at passe ind i hans verdensopfattelse.

Hvilket får Hamlet til at sige:

There are more things in heaven and earth, Horatio, than are dreamt of in your philosophy." eller på dansk: "*der er mere mellem himmel og jord, Horatio, end du drømmer om i din filosofi.*

Hør engang den engelske oversættelse af Brunos *Oratio valedictoria*, altså hans afskedsforelæsning, da han forlod Wittenbergs Universitet i 1588:

the whips and scorns of vile and foolish men who,
although they are really beasts in the likeness of men
in the pride of their good fortune,
are full of evil arrogance.

eller på dansk:

[*Pisk og hån fra nedrige og tåbelige mænd,*
der blot er dyr i menneskerskrop,
og som i overmod over deres gode skæbne
er fulde af ond arrogance]

Og hør så, hvordan sætningen lyder i Hamlets berømte enetale *to be, or not to be*:

For who would bear the whips and scorns of time,
The oppressor's wrong, the proud man's contumely,
The pangs of despised love, the law's delay,
The insolence of office and the spurns
That patient merit of the unworthy takes,

*When he himself might his quietus make
With a bare bodkin?*

på dansk:

[*For hvem ville tåle tidens pisk og hån,
tyranens udåd, den stolte mands fornærmelse,
smerten fra forsmået elskov, rettens langsommelighed,
embedsmændenes foragt eller de mange spark,
hædersmanden tålmodigt tager imod fra kæltringen,
når han selv kunne skaffe sig sin ret med en kniv?*]

Dette her har Shakespeare fra Bruno! Da jeg opdager Brunos citat "*the whips and scorns of vile and foolish men..*" efter at jeg i ugevis har tygget mig igennem essays, analyser og bøger, der involverer mine hovedpersoner, kan jeg bagefter ikke falde i søvn. Jeg har det som en fisker, der har fanget sin første havørred. Shakespeare kendte Brunos tekster og tanker og han fandt anvendelse for dem i Hamlet. Det er jeg sikker på.

Hamlet er et skuespil med et hav af fortolkningsmuligheder. Stykket er et sæt åbne koder, mennesker i 400 år har kunnet berige med mening, og jeg tror ikke, at stykket alene blev skrevet for at skildre kampen mellem den gamle og ny astronomi. Men Shakespeare var en mand af sin tid, og han var optaget af renæssancens centrale spørgsmål, nemlig Universets udformning, og jeg synes, at også Hamlets enetale passer godt til Brunos situation og Shakespeares egen reaktion: *hvorvidt det er noblest at udholde den smertefulde skæbnens slynger og pile eller gribe til våben og gennem modstand gøre en ende på det hav af problemer som mennesket er født ind i* [*whether it is nobler of the mind to suffer the slings and arrows of outrageous fortune than to take arms and by opposing end the see of trouble than man is heir to*] Hamlet og Shakespeare udholder i lang tid uretfærdigheden med bøjet nakke, hvorimod Bruno går sin skæbne i møde med oprejst pande.

Med Hamlet står vi midt i skæringspunktet mellem den gamle og nye astronomi, vi er på grænsen til moderne tider, og alle aktørerne er med i teaterstykket: Brahe, Bruno, Digges, Ptolemæus, Kirken, Solen, Månen og stjernerne. Hamlet skal vinde sin kamp mod Claudius, for at vi ikke længere skal være lukket inde i vor gamle europæiske kulturs nøddeskal af en krystalkuppel men kan leve som konger i det "det grænseløse rum".

Hamlet blev skrevet i 1601, og i 1609 udgav Johannes Kepler sin afhandling *Astronomia Nova* [*den nye astronomi*], der slog det nye verdensbillede fast og samme år i december, så Galilei månerne omkring Jupiter. En fabelagtig periode, hvor udviklingen på et tiår løber fra den halvanden tusindår gamle og falske sandhed i Almagest. Claudius – den falske konge – ligger uundgåeligt og i enhver henseende i krampetrækninger på scenen og Hamlet har erfaret, at det er mere nobelt at gøre modstand end at udholde.

Og så en sidste tanke, jeg har fået: *Kan Bruno have været rollemodel for Hamlet?* De kæmpede begge indædt for den nye sandhed og havde samme endeligt: i 1601, da skuespillet blev opført første gang, lå Bruno i lighed med Hamlet livløs på jorden med et nyt univers over sig.

Rejse mod inkvisitionen

Nu forlader vi Shakespeare og London. For i 1585 kom Frankrig på kant med England, og klimaet for ambassadøren og hans italienske gæst blev for hedt; herefter gik rejsen tilbage til Paris og undervejs blev Bruno vistnok udsat for et røverisk overfald og mistede sine ejendele. Men han kom til Frankrig, og da han fortsatte sin kritik af Aristoteles i den franske hovedstad, var det atter tid at komme videre; han tog til Wittenberg i Tyskland i 1586, til Prag i 1588 og herfra til Frankfurt, indtil han i 1591 accepterede en invitation fra adelsmanden Giovanni Mocenigo, der ville have ham til at undervise sig i kunsten at huske. Bruno accepterede.

Det skulle vise sig at blive skæbnesvanger.

I 16 år havde Giordano Bruno talt sig hæs over hele Nordeuropa, og han havde skrevet mere end 30 værker inden for filosofi, poesi, selv en komedie var det blevet til; og det er vanskeligt at sige, hvem han havde oprørt mest: de lærde eller de religiøse? For sagen er, at Brunos nye filosofi var et frontalangreb på den gældende opfattelse af både Universet og Gud.

Siden han var 18 år havde han tvivlet på de religiøse dogmer lige fra Marias jomfrufødsel til Kødets opstandelse. Kristendommen er som alle andre religioner irrationel, og vi accepterer den gennem tro uden videnskabeligt bevis. Han havde med andre ord den samme tilgang til Biblen som Averroës havde haft til Koranen; de hellige skrifter måtte ikke sætte fornuften ud af spillet, men den kolde intelligens fjernede heller ikke religionens højere sandhed – vi skulle blot ikke tage billedsproget for pålydende. Bruno skrev blandt andet en bog, Skygger, hvori han understreger, at *ideer ikke er sandheder, de er skygger af sandheder*. Åh, det er godt formuleret.

I 1593 er det slut; Giovanni Mocenigo angiver sin gæst, der bliver arresteret af Venedigs Inkvisition. Efter endt afhøring er Inkvisition egentlig til sinds at lade ham gå, men på grund af pres fra paven bliver Bruno sendt videre til Rom på en ulykkelig rejse, som koster ham syv års lidelser og ender på kætterbålet.

En af kardinalerne, som var med til at afhøre og dømme den obsternasige præst og filosof, hed Roberto Bellarmine. Han var netop blevet udnævnt til Kardinal Inkvisitor af pave Clement VII, og det var også Bellarmine, som 16 år senere, i 1616, skulle kalde Galileo Galilei til Rom og beordre ham til at afsværge sin overbevisning om rigtigheden af Copernicus' verdensbillede. Bellarmine var en from mand, der troede på det evige liv, og på at mennesker gennem anger og lidelser bliver rehabiliteret for deres synder på jorden. Henrettelse og pinsler var således indgangen til det evige liv for denne kardinal, der var en af tidens fremmeste bibelfortolker; denne overbevisning om lidelse legitimerede den barbariske behandling kirken i renæssancen udsatte sine medmennesker for, hvis deres meninger stred mod Kirkens fortolkning af Biblen.

Det var med disse udsigter Bruno ankom i Rom i 1593. Han var overbevist om, at hvis han blot kunne forklare sig for paven, ville denne forstå hans uskyld. Giordano Bruno følte sig virkelig som en god katolik, der blot fortolkede biblen på en tidssvarende måde.

Man aner intet om, hvad der skete med Bruno i den tid han sad fængslet fra sit 45. til 52. år. Alle relevante protokoller fra perioden er væk – brændt af Vatikanet, forsvundet da Napoleon bortførte arkivet til Frankrig i 1810, forlagt med eller mod vilje eller fortsat skjult. De kirkelige fædre har ikke været stolte af deres behandling af munken fra Nola.

I 1940 lykkedes det dog Vatikanet at finde et referat af retsprotokollerne fra 1597, og her bringer man et citat fra Giordano Brunos svar på spørgsmålet, om han troede på, at solen var centrum:

For det første, siger jeg, at teorierne om jordens bevægelse og ubevægeligheden af firmamentet eller himlen, er produceret af mig på grundlag af rationelt og sikkert fundament, som ikke underminerer de hellige skrifter...med hensyn til solen, siger jeg, at den ikke står op eller går ned, ejheller ser vi den stå op eller gå ned, for hvis jorden roterer om sin akse, hvad mener vi så med at stå op eller gå ned?

Indtil dette referat blev fundet var det eneste vidnesbyrd fra retssagen et brev fra en tysk lærd, Gaspar Schopp, der i jubilæumsåret 1600 var på besøg i Rom, og som skildrede Brunos sidste dage og overværede retssagen. Han skrev blandt andet:

De tvang ham på knæ, da han skulle modtage sin dom, og han modtog den med ordene: "Måske er Jeres frygt ved at overdrage dommen til mig større end min ved at modtage den.

Hvilket mod Bruno udviste over for de religiøst indavlede magthavere! Flere gange under processen blev han opfordret til at bekende, men han havde ingen synd at tilstå. Måske har Bruno længe vidst, hvad vej det ville gå, for i et digt – et af hans sidste, De Monade – skrev han *jeg kæmpede, og det er meget. Jeg troede, jeg kunne vinde, men naturen og heldet modarbejdede mine bestræbelser. Men det er allerede noget, at jeg optog kampen, for jeg ser, at sejren er i Skæbnens hænder. I mig var det, som var muligt og hvad intet fremtidigt århundrede vil være i stand til at nægte mig: hvad en vinder kunne give fra sig selv; at jeg ikke frygtede døden, at jeg ikke gav op, med fast ansigt, over for nogle af mine ligemænd; at jeg foretrak en modig død frem for et frygtsomt liv.*

Opholdet i inkvisitionens fængsel har været rædselsvækkende – det viser en historie om en anden kætteranklaget filosof, jeg stødte på.

- - -

I 1599 blev en italiensk filosof og munk, Tommasso Campanella, pågrebet af den spanske inkvisition i Napoli. Campanella støttede modstanden mod det spanske herredømme i Syditalien, som Brunos far i øvrigt tjente, og i lighed med Bruno troede Campanella på retten til at tænke og tale frit. Han var såkaldt utopist, en mystiker og en astrolog, der troede på en idealstat under paven styret af stjerner, planeter og ikke mindst solen; under retssagen blev han tortureret 12 gange, heraf varede det sidste ophold hos bødlerne 40 timer. Han måtte sidde på træhesten, fik skuldrene revet af led og blev holdt vågen i næsten to døgn; hver gang han døsede hen blev han banket af Inkvisitionens tjenere; kun fordi han til sidst spillede gal og svarede "10 hvide heste" på samtlige spørgsmål, undgik han bålet og "slap" med 27 år i en mørk fængselskælder. Jeg kan forestille mig, at det derfra, vi har udtrykket: "ikke 10 vilde heste kan få mig til at gøre det" hvor "hvide" i folkemunde er blevet til "vilde".

Efter de mange år i forskellige celler i Napoli blev Campanella endelig sluppet fri i 1626 og han nåede at afslutte sit liv som en fri munk i Paris 10 år senere i en alder af 72 år; han troede som sagt på astrologi, og han var overbevist om at solformørkelsen i 1636 ville blive hans død – og det blev den også.

- - -

Bruno gik det anderledes. Hans dage var talte. Da han talte Kirkens meninger imod, betragtede universet som uendeligt og solen som centrum, bragte de ham om morgenen den 17. februar 1600 til Campo dei Fiori, Blomstermarken, i Rom, bandt ham nøgen oven på et bål og satte ild til det, indtil varmen havde brændt livet ud af kroppen på ham under ufattelige smerter. Inden de brændte ham ihjel, havde de "fængslet hans tunge" formentlig ved at banke et søm gennem tungen for at stoppe hans onde tale.

Jeg har undersøgt, hvordan himlen over Rom så ud, da de brændte Bruno på bålet ved solopgang. Og jeg blev mødt af et forunderligt syn. Igennem to år har jeg forsøgt at opleve de fem synlige planeter – og jeg mangler stadig én. Men klokken 7 den 17. februar 1600, da det begyndte at gry i Rom, stod alle fem planeter parat på himlen: Merkur, var netop stået op, Venus strålede med sit fantastiske lys mod sydøst, Saturn stod i syd og Jupiter og Mars var på vej ned i vest. Som ved et skæbnens under var alle planeter på himlen for at bevidne drabet på Giordano Bruno. Det univers, som Bruno gav sit liv for, viste ham en symbolsk sidste ære.

Da Bruno var skaffet af vejen, forbød Paven hans bøger og tanker for altid i Gud den barmhjertiges navn. Bøgerne kom på *Index Librorum Prohibitorum,* som er en oversigt over katolicismens forbudte bøger – herfra blev de først strøget i 1966. Men som så ofte, når ting er forbudt, bliver de mere tiltrækkende, og Tycho Brahes elev og arvtager Kepler anklagede fx på et tidspunkt Galileo for at have stjålet en af sine ideer fra Bruno.

Jeg kan næsten ikke holde ud at skrive dette her, men i 1930 blev Robert Bellarmine kanoniseret af pave Pius IX – han blev med andre ord gjort til helgen – manden som brændte Bruno og lukkede munden på Galileo. Ham fejrer den katolske kirke hvert år på S*ankt Robert Bellarmine Dag* den 17. september!

Astronomerne har navngivet en asteroide til ære for Ibn Rushd, hvis tanker man i 1191 også smed på bålet, men som modstod flammerne og lagde grunden til, at der blev plads til både rationalet og troen på Gud. Denne asteroide hedder 8318 Averroës. Heldigvis har astronomerne heller ikke helt glemt Giordano Bruno, der var ude i samme ærinde. De har også fundet et sted i verdensrummet, som for altid kan minde os om munken fra Nola, der bar Ibn Rushd's filosofi ind en ny religion og kultur og bragte pulsen i vejret på et Europa i koma.

Astronomerne har nemlig opkaldt et krater på månen efter ham. Giordano Bruno krateret er det senest opståede krater på Månen, det er 22 kilometer i diameter og er beliggende i det nordøstlige hjørne af månen. Altså oppe i det højre hjørne – kirken søgte at lukke munden på Bruno, og det er ironisk, at når han skal hædres i Universet, får han en placering lige på kanten af månens bagside.

Der er endnu en fantastisk historie, som knytter sig til netop dette krater. Om aftenen den 18. juni 1178 opdagede fem munke i England et fantastisk syn, da de kiggede op på den tynde nymåne. Pludselig splittede månens øverste horn i to dele, og munkene så *at "ild, varmt kul og gnister sprang ud af Månen"*. Historien står at læse i en krønike skrevet af munken Gervase fra Canterbury, og flere astronomer mener, at munkenes observation passer med, at Giordano Bruno Krateret skulle være skabt ved et meteornedslag omkring 1100-tallet. Det er således ikke noget dårligt valgt universelt gravsten for den tapre munk fra Nola, der travede Europa tyndt i anden halvdel af det 16. Århundrede. Kunne jeg bestemme, skulle teksten ved indgangen til krateret hentes fra Shakespeares sidste teaterstykke *The Tempest*, hvor Miranda begejstret udbryder:

O brave new world
That hath such people in't!

Min nye helt Thøger Larsen

Jeg har fundet en broder i ånden. Han døde et halvt århundrede, før jeg blev født, men jo bedre jeg lærer ham at kende, jo mere går det op for mig, at vi ligner hinanden. Måske er det, fordi vi har de samme længsler; måske er vi blot samme menneskektype, måske har vi samme værdier; men det korte og lange er, at jer er stødt på et menneske, hvis 53-årige liv i store træk er identisk med det eventyr, som jeg står midt i. Vi har været grebet af de samme ting, vi kaster os med 100 års mellemrum over de samme udfordringer.

Manden jeg taler om er digteren og drømmeren Thøger Larsen fra Lemvig. Det var et morsomt sammentræf, der medførte, at jeg lærte ham at kende. Jeg talte med Ole J. Knudsen på Steno Planetariet i Århus om nordiske stjernenavne og han fortæller, at *Thøger* kaldte Orion for "Frejas Rok". Jeg lægger mærke til, at han kun bruger Thøger Larsens fornavn, men jeg ved, hvem han taler om, for dagen forinden, har jeg for første gang i mit liv, læst om Thøger Larsen. Jeg havde på nettet søgt på "digter + stjerner" og havde i den forbindelse været inde over Lemvig Museums hjemmeside, hvor Thøger får en del omtale. Det har vakt min interesseret – ikke mindst takket være web-skribentens kærlighed til digteren, en hengivenhed som skinnede tydeligt igennem teksten.

Denne skribent viser sig at være Ole J. Knudsen, som jeg sidder og taler med i telefonen. Thøger Larsen har herefter min fulde opmærksomhed. Han var som jeg journalist, og han var interesseret i astronomi, hvilket er årsagen til, at jeg nævner ham her. Han blev født i 1875 i Tørring ved Limfjorden, kom fra små indremissionske husmandskår, som de fleste mennesker på den egn på de tider, og han levede hele sit liv i Lemvig. Han var videbegærlig og ville nok helst have studeret på universitetet, men da hans far døde i 1892, blev økonomien for stram, og det blev kun til en realeksamen og han måtte de kommende tre år ernære sig som huslærer.

Thøger havde en drøm om at være digter. Han skrev digte i realskolen, men da ingen forlæggere ville udgive dem, betalte han selv for trykningen, hvilket var ved at tage livet af hans mor. Magen til hasarderet galskab; satsningen var vanvittig for fattige folk i slutningen af 1800-tallet – "ved jorden at blive, det tjener os bedst". Men ikke for Thøger, han satsede hele butikken på sin drøm og "Vilde Roser" blev trykt.

Efter den historie, måtte jeg straks eje nogle digte af Thøger Larsen og støvede om eftermiddagen rundt i antikvariaterne i Latinerkvarteret, og kom til sidst hjem med "Søndergalm" fra 1926, som han skrev efter en rejse til Italien.

I lokalsamfundet drev Thøger ikke karrieren vidt; efter sin tid som lærer, kom han til at arbejde som korttegner for en landmåler og blev lokalredaktør for Lemvig Dagblad; stillinger han levede af men ikke for. I mere end 10 år bestred han endda begge stillinger. Hans daglige skriverier på redaktionen gik med at tilfredsstille læsernes sensationshunger: "Jeg slænger hver Dag den afmaalte Ration af Sladder om Krig, Pest, Drab, Mord, Vold, kvæstede Hoveder, brækkede Ben, Skibbrud m.m. i Nysgerrighedens glubende Gab". Jobbet var blot noget, som skulle overstås, for det som Thøger levede for, var skrivningen og stjernerne. Som for alle kreative også i dag, var det for Thøger et problem med at finde tiden.

I 1903 skrev han til sin ven Ebbe Kornerup: "Før var der engang, da man færdedes mellem Skyerne eller Stjernerne og saa ned paa Jordens Muld, dybt, dybt nede, levede i den fornemme, kunstneriske Ensomheds ædle Kulde og ænsede ikke Døgnlivets Myretravlhed. Nu – nu hvirvler jeg selv Støvet op om mit Hoved, det tomme værdiløse Smuld af hver Dag, for at tjene P e n g e, og lader Stjernerne, der her fra Jorden næppe ses saa store som femogtyve ører, passe sig selv. Ikke Skyggen af et Vers har jeg bedrevet, siden jeg begyndte paa mit Atlas midt i Maj og fuldførte det midt i November."

Thøger ville digte og studere. Og han fik forenet sine to største interesser, når han skrev digte om stjerner og planeter: Her de tre første vers af "Stjernenatten" fra 1912, som beskriver hans følelser bag den 3 alen lange stjernekikkert:

Nat om Alverden!
Kloder i Smelten og Kloder i Hærden,
Stjerne-Systemer,
Dybets utallige Ild-Diademer,
alle de snurrende Gnister i Himlen.

Ud i det høje
ser jeg som Trold med et Trealens Øje.
Ind i det sorte
vender jeg Blikket, og Nuet er borte.
Straalende Verdnerne slaar mig i Møde.

Frem sig at svinge
ser jeg Saturn med dens Maaner og Ringe.
Verdener vaage
ru i Orions forrygende Taage.
Spindelvæv hænger i Afgrundens Kroge.

PÅ EVENTYR MELLEM HIMMEL OG JORD

Thøger gik på eventyr i universet og førte dagbog over sine observationer af stjernerne, han tegnede stjernekort og byggede selv sine kikkerter, og himlen betalte ham tilbage for hans iver med uendelig inspiration. Landinspektørens søn, Carl, har beskrevet, hvordan han som barn oplevede digteren. Det er sjovt at sammenligne ovennævnte digt med Carls erindring:

"Om aftenen, når mørket havde åbnet for himmelrummets herligheder, gik vi ud i haven med kikkert og stativ. Thøger stillede den ind, demonstrerede ivrigt, løftede mig op til okularet. Var lykkelig, når han kunne finde og vise noget interessant som f.eks. Saturn med ring. Jeg kan endnu se for mig den lille lysende kugle, det smalle, skælvende sølvbånd i synsfeltets runde mørke.

Thøger var en let antændelig entusiast, uhøjtidelig, lysår væk fra sin strenge indremissionske opvækst med en stor portion humor, her i Nabostjerner:

> *Her har man alt længe troet,*
> *at Planeten Mars var beboet.*
> *I Kikkert af større Kaliber*
> *har den nemlig vist nogle Striber,*
> *der saa' saa fornuftige ud,*
> *at de næppe var skabte af Gud.*
>
> *Paa Mars har man forhen troet,*
> *at Jorden vist var beboet.*
> *Det Skøn man dog maatte forlade*
> *med den Motivering — ak ve:*
> *at der paa dens Overflade*
> *var intet fornuftigt at se.*

Thøger var en eventyrer i rum og tid; han studerede stjernerne og alle de gamle bøger; blandt andet oversatte han de gamle islandske håndskrifter – eddaerne – et kæmpearbejde som krævede, at han undervejs lærte oldislandsk. Heriblandt oversatte han også Vølvens Spådom – og det synes jeg er rigtigt morsomt, for den har jeg også krydset klinger med. Sammen med Otto Gelsted oversatte han Tyge Brahes "Den Nye Stjerne" – endnu en af de gamle, jeg har haft fingrene i. Thøger Larsen er ikke kendt og læst i dag – mange af hans digte virker gammeldags, men så meget mere grund til at læse dem. Jeg tænker på Vigdis Finnbogadóttir, som fortæller om det sprog, vi har fået i arv, og som det er vor pligt at give videre. Sådan en sproglig budbringer var Thøger Larsen. Hans bedst kendte værk er formentlig:

Danmark, nu blunder den lyse nat
bag ved din seng, når du sover.
Gøgen kukker i skov og krat.
Vesterhavet og Kattegat
synger, imens det dugger,
sagte som sang ved vugger.

Danmark, du vågner med søer blå
mætte som moderøjne.
Alt, hvad i dine arme lå,
lader du solen skinne på
ser, hvor det yppigt glider,
frem af forgangne tider.

Lærker, som hopped af æg i vår
svinder i himlens stråler.
Tonerne ned med lyset går,
samme sang som i tusind år.
Lykken fra glemte gruber
klinger af unge struber.

Hyldene dufter i stuen ind
ude fra Danmarks haver.
Kornet modnes i sommervind
Hanegal over lyse sind

stiger bag gavl og grene,
hvæsset som kniv mod stene.

Køer og heste og får på græs
hen over brede agre,
åbne lader for fulde læs,
sejl, som stryger om klint og næs,
byger, som går og kommer, -
det er den danske sommer

Pigernes latter og lyse hår
leg, som får aldrig ende,
øjnene blå som vand i vår
mildt om et evigt Danmark spår
sol over grønne sletter
lykke og lyse nætter.

Thøger Larsen kiggede efter stjernerne med passion, men som sidste vers fortæller, kiggede han også dybt ind i pigernes blå øjne med uforstyrret glæde, han var optaget af himmelhvælvet og det store kosmiske ur, men lige så optaget af livet på jorden og årstiderne. Han forstod at binde det hele sammen. Thøger er en jordbunden og lys Limfjordsudgave af Bruno, der så uendeligheden i både det helt små og det helt store.

Jeg er som så mange gange før på dette eventyr hen over himlen og jorden blevet distraheret, og denne gang bliver jeg det af en bog *Thøger Larsen og Breve fra ham* skrevet af hans ven, Ebbe Kornerup. Bogen er udgivet i 1928 efter Thøgers død – og brevene som Thøger har skrevet til sin ven, er altså nogenlunde samtidige med Karen Blixens brevveksling med sin bror. At læse gamle breve giver en vidunderlig følelse af autencitet; det er som at være der selv; man kommer tættere ind på mennesker, når man læser noget, som aldrig har været beregnet for offentliggørelse.

I bogen fortæller Ebbe Kornerup, at Thøger, når det var orkan, altid gik "til strande" og stillede sig på toppen af klitterne med udsigt over det oprørte Vesterhav. Kornerup blev inviteret med på en af disse ture:

"Det er Kaos som fra Klodens Begyndelse", råbte han (Thøger) "nu skabes noget i Dybderne. Havet tordner som under Klodens fødsel, vi er kun Sandkorn i dette Virvar"

Saa var han i sit Es, han lod Elementerne brøle igennem sig, hule underjordiske Lyde buldrede i hans dybe stemme. Thøger Larsen var i eet af sine universbesatte Øjeblikke.

Men hans inspiration kom ikke kun fra stjernerne og elementerne: de kom også fra hans elskede Thyra – Thyra Paludan, der aldrig i Kornerups beskrivelse af hende blev til fru Larsen. Hun bevarer sin identitet sammen med Thøger: Hør hvad Kornerup skriver:

"Der var noget rent ved Thøger". Han havde bevaret sig som klart Kildevand. Han var jo stadig en Dreng, havde endnu sine drengeindtryk friske. Dér stod han, da Thyra Paludan som den første aabnede hans Øre for det danske Sprogs Skønhed, for danske vers og for Kunst, hun var den allerførste, der forstod hans digte og vidste, hvad han var værd. (...) Thyra havde givet ham sin Kærlighed; alt hvad der havde med ham at gøre berørte ogsaa hende, holdt man af Thøger, holdt hun ogsaa af én. Hendes stemme vibrerede, naar hun talte om Kunst sammen med Thøger og mig. Der var en bølgende understrøm i hendes stemme, når hun midt i en varm Diskussion sagde sin mening. Saadan var Thyra Paludan som ung pige, da hun havde fundet Thøger Larsen.

Det er sjovt, efterhånden som jeg læser Ebbe Kornerups bog, slår det mig hvor godt og moderne han skriver i 1928. Jeg er faktisk mere betaget af hans skrivekunst end Thøgers, og så kan man se, at Ebbe Kornerup var dybt betaget af Thyra Paludan. Prøv blot at høre hans beskrivelse af sit første møde med Thyra:

hun gik barhovedet nede ved en Hæk og smilede smukt, hun havde en fin profil, et roligt Blik, hendes Stemme var det skønneste ved hende, den vibrerede lidt, det gjorde hendes sprog indtagende. Som hun gik på Plænen, flegmatisk og noget hvilende i Gangen, i grøn hjemmevævet uldkjole, der var stramtsiddende som en Ridderdragt, faldt det mig ind, at hun passede til disse Omgivelser, til Herregaardsfolkene, til Haven, til Bakkerne, til Fjorden, til hele Egnen, og for hver Gang jeg senere mødte hende blandt andre mennesker, blev jeg slaaet af en Personlighed, en gennemført maade at omgaas vidt forskellige mennesker, som var egen for Thyra Paludan. (...)

Jeg er begejstret for Thyra og Thøger, for Ebbe Kornerup og hans måde at skrive på. Se engang, hele afsnittet om Thyra Paludan er blot to sætninger, men alligevel let og flydende og han afleverer en betagende personbeskrivelse uden overflødige ord.

Venskabet mellem de to mænd varede hele livet. De var et forunderligt makkerpar på eventyr i tilværelsen. Ebbe Kornerup var eventyrer i bogstavelig kuffert forstand, han rejse kloden rundt og skrev rejsebøger fra fjerne egne. Han skrev fra Latinsk Amerika, Arabien, Indien og Siam, Kina og Japan, han var kosmopolit i bedste betydning, han tog sin danskhed ud i verden med respekt og nysgerrighed for de kulturer, han mødte. Thøger bevægede sig med enkelte undtagelser derimod ikke uden for Lemvigs bakker, men han tog på opdagelse i himmelrummet og historien, han var sammen med grækerne, han rejste tilbage til de gamle nordboere, hvis sprog han lærte, og han stod side om side med astronomen og poeten Omar Khajjám i Persien meget længere væk end Kornerups dampskibe og jernbaner havde kunnet bringe ham.

Thøger Larsen var ingen sofistikeret mand. Prøv at høre Paludans beskrivelse af ham ved deres første møde:

Og der stod Thøger Larsen.

Ung, først i Tyverne, mørkøjet, med stridt opadstrøget Haar som en Børste, solbrændt i hjemmevævet Dragt, der sad daarligt, den udtryksfulde mund med de fyldige Læber skygget af et Overskæg som en Forvalter på Landet, lige Næse og kejtede Bevægelser, saadan tonede denne djærve Mand noget genert frem i det dunkle Lys i Kre Møllers Storstue på Nør Vinkel.

Thyra tilegnede sig derimod frank og frit Ateliet, som jeg kaldte Storstuen, grøn og ung klædte det hende at have Thøger ved sin side, nu var hun endnu mere indtagende end på Kabbel, jeg kunde mærke, at de begge var forventningsfulde.

Det er saa Thøger, sagde hun henimod mig med Stødtone paa saa og det er ....hun nikkede til Thøger og nævnte mit Navn.

Thøger og jeg trykkede hinandens Haand, han holdt sig lidt sky tilbage og satte sig først efter gentagen Opfordring – Thyra og jeg talte allerede livligt sammen...Thøger tøede først op, da jeg fortalte Musehistorien (Kornerup havde fundet en muserede i sin seng), den bed, pludselig gnistrede hans Øjne, en underjordisk Mumlen som Dønningen fra Hav lød i Stuen, og en Masse Lyde med store dobbelte W'er, snurrende R'er og dybe sonare Brysttoner boblede frem, Thøger talte, det var første gang jeg hørte Malmtonen i hans jyske Sprog, Ordene ramte præcist og udtrykte præcist det, de skulde: Mens Mennesket sover, fødes andre Væsener, sagde han, Dyr fødes nær Mennesker, Mennesker nær Dyr. Naar man ligger dybt i Mulden, lever andre videre, fødes, parres, dør...det er én Kværn, men nu er det Musenes Tid, netop lige nu, er det ikke?

Jeg var paf. Dette stille tilbagetrukne Menneske, rummede en egen Verden i sit Bryst og forstod at meddele andre den...

(....) Den Nat taltes vi længe ved Bakkerne, mens Maanen stor og fed gled over Himlen, det var den enogtyvende September atten hundred nioghalvfems. En torsdag. Om tirsdagen havde det været Fuldmaane, det blæste ikke, to Dage efter efter var det Jævndøgn med Orkan, Dreyfus var netop dømt ti års fængsel.

Nede laa Fjorden blank og lys, da vi naaede Anlægget, husker jeg, at vi talte om Holger Drachmann, jeg lige havde truffet, og om mange andre Digtere. Og Thøger digtede om Maanen, Skyerne og Bakken, der rundede sig længere henne. Han havde den Gang skrevet en tyk Roman, som han ikke fik ud, endnu vidste han ikke, at han var Digter, men indeni ham gærede det, nye Ordsammenstillinger væltede frem som Spirer, der trivedes tropisk i den lune Nat, han slog som en nattergal, kukkede som en Gøg med sin sære, mørke dunkle Tone, den Talestemme, Naturen havde givet ham.

Bekendtskabet var gjort.

Thyra blev min veninde, Thøger min Ven, og hvor jeg end har været rundt på Jorden, har disse to mennesker fulgt mig med Breve og Hilsner, Thøger var gammeldags-trofast, den han kunne lide, glemte han ikke, han trængte til Mennesker, var lige saa tørstig efter dem, som Ørken efter Vand.

Var Thøger ikke sofistikeret, nærede han til gengæld de andres sofistikerede drømme; han var som sagt ven med globetrotteren Kornerup, han var ven med den kommende Nobelprisvinder, Johannes V. Jensen, med den socialt indignerede digter Jeppe Aakjær og med kommunisten og digteren Otto Gelsted, og efterhånden som jeg i hans selskab støder på disse åndelige giganter, der har sat varige aftryk i vores kultur, bliver det klart, at der må have været en fantastisk skaberkraft omkring skiftet ind i det 20. århundrede. Den er ikke kun kunstnerisk; på den videnskabelige side har vi fx Niels Bohr, der også blev hædret af en Nobelpris for sin rejse ned i materien, ned til atomerne. De søgte alle sammen udad i det uendelige rum eller indad i de det uendelige små. Men i deres stræben mod fremtiden forlod de ikke fortiden. Johannes V. Jensen indvarslede moderne tider men skrev om vores oprindelse helt tilbage fra istiden, og Kongens Fald, der siden er blevet kåret som det 20. århundreds bedste danske bog, foregår i 1400-tallet. Johannes V. Jensen oversatte de islandske sagaer og Shakespeares Hamlet, hvilket jeg er ret optaget af. I lighed med sine samtidige søgte også Thøger Larsen inspiration i fortiden hos Nordboerne, de gamle grækere og persere.

Thøger Larsen er min mand! Det kan godt være han er fattig og uden stor indflydelse i Lemvig, men han rejser frit rundt i tiden, som en gud. Hør hvad han skriver i glæde over sit venskab med Ebbe Kornerup:

hvor er det rart, om vi faa Mennesker rundt om på Kloden, der forstår hinanden og erkender Verden dybt, kunde leve mere sammen, thi mellem de andre er vi saa ensomme.

Thøger, du er ikke ene, jeg er med dig helt ind i det 21. århundrede.

Thøger Larsen og hans generation skabte en historisk bevidsthed, men de forsvandt ikke nostalgisk ned i den, de stod oven på den, for at kunne række endnu højere. Jeg har fornemmelsen af, at det er vigtigt at fastholde og udvikle denne historiske bevidsthed, ikke mindst her i starten af det 21. århundrede, hvor vi er ved at have fyldt "rummene" ud. Vi har i bogstavelig forstand tændt så meget lys, at himmelrummet er blevet usynligt, og hvis vi også lukker vor historie ude, risikerer vi at sidde klaustrofobisk fast i et lille bevidsthedsrum. Jeg har hørt, at Kina vil være den første nation, som sender et menneske til Mars. Det er jeg glad for; for den historie, jeg indtil nu har kradset fri af kilderne, viser, at hver gang vi flytter grænserne i himmelrummet udad, så tager menneskeheden et skridt fremad.

Endnu lille sjov krølle på halen, når vi ser på Thøgers samtidige kulturskabere: I Norge sad dramatikeren over dem alle, Henrik Ibsen og var moderne og skrev om fremtidens frigjorte kvinder, men han gjorde også et himmeldigt med inspiration fra Andromedas stjernetåger med direkte adresse til det nye Norge, som var ved at samle sig til fremtiden:

Stjerner i lyståge:

Just under min kometfærd mod en egn,
hvorhen jeg stævned for at finde hjemmet,

i verdensrummet viste sig en fremmed
uventet gæst ved Andromedas tegn.

[Der bæres bud ned til vor gamle jord,
at ude i det højtidsstille fjerne
der havde kaos skabt sig til en stjerne,
da det slog ind på samlingslovens spor.]

- - - -

Lyståger tror jeg på, skønt uden orden,
kaotisk løst den vælter sig i nord;
jeg tror den er på samlingslovens spor, –
en lysrig stjerne i sin første vorden.

Og til min store forundring opdager jeg, at Henrik Ibsen var med i en kunstnerbevægelse, som i slutningen af 1800-tallet genopdagede Giordano Bruno. Han var med til at samle penge ind til den statue af Munken fra Nola, der blev rejst i 1889 og som i dag står på Campo dei Fiori i Rom.

Verden hænger sammen.

Persisk Eventyr

Men jeg er heldigvis ikke færdig med Thøger Larsen, for han var som nævnt betaget af den persiske astronom og digter Omar Khajjâm, der levede fra 1048 til 1123 og var en af de mest brillante fritænkere, der voksede ud af det kraftfelt, der opstod af Islam og gjorde Arabien og Persien et drivhus for ny viden og indsigt.

Omar Khajjâm var født i Nishapur i Khorasan, der ligger i det nuværende nordøstlige Iran, og som på de tider var en kulturel hovedstad i konkurrence med Cairo og Bagdad. Omar var søn af en teltmager, hvilket hans efternavn al-Khayyami faktisk betyder. Han fik nogle af de bedste lærere i Mellemøsten og de fik til gengæld en exceptionel begavet elev, der siden opnåede stor berømmelse og anerkendelse af sine samtidige.

Han var et matematisk geni og skrev en berømt afhandling om principperne i Algebra, bogstavregning, hvilket var en persisk specialitet skabt to århundreder tidligere. Khajjâm anviste i sine skrifter nye geometriske løsninger på cirklens kvadratur og løsningen af 3. grads ligninger, tanker og viden som 400 år senere havnede i Europa og skabte et vigtigt fundament for renæssancens matematikere, hvor blandt andet den fremste af dem alle, Leonardo Fibonacci, byggede videre på hans matematik.

Men Khajjâm var også astronom; han arbejdede for sultanen i Samarkand, hvor handelsruterne til Kina og Indien udgik. Byen, der er en af verdens ældste, ligger på Silkevejen, og Marco

PÅ EVENTYR MELLEM HIMMEL OG JORD

Polo rejste i 1270 igennem Samarkand på sin vej mod Kina. Det var hér, kineserne lærte dem at lave papir. Samarkand fik de første papirmøller uden for Riget i Midten, og kunsten at lave papir, spredtes fra Samarkand til resten af den muslimske verden og derfra videre til Europa. Men vejen til papirets udbredelse var langsommelig. Danmarks første papirmølle blev ikke bygget før 1574 og det var såmænd Tycho Brahe, der var medbygger på den og han byggede også den næste i 1592, denne gang på Hven, hvor man den dag i dag kan se hans dæmninger og mølledamme.

Tilbage til Samarkand. I denne metropol fik Omar Khajjâm til opgave at bygge et observatorium, og han havde med en gruppe astronomer fået til opgave at modernisere den persiske kalender efter hinduistisk forbillede. Sultanens forskerteam gjorde et fabelagtigt stykke arbejde blandt andet ved at opmåle solåret ned til 6 decimalers nøjagtighed. Det er senere blevet bevist, at Omar Khajjâms nye kalender kun er 1 time unøjagtig over 5.500 år.

Khajjâm menes også at have været klar over præcessionen, altså at jorden rokker fra side til side i universet, og han var overbevist om, at jorden cirkler om solen, og at stjernerne er ubevægelige i rummet. Altså den viden, som kostede visse europæiske renæssance tænkere livet et halvt årtusind senere. Han byggede verdens første planetarium i form af en roterende platform med et stjernekort belyst af små lamper i et rundt værelse, hvor han demonstrerede, at en roterende jord ville afsløre forskellige stjernebilleder gennem et døgn.

Omar Khajjâm havde afdækket en af universets største gåder, og han kan meget vel være den mand, som sporede Copernicus ind på det heliocentriske verdensbillede. Havde Omar Khajjâm holdt sig til sin matematik og astronomi, var han formentlig blevet én af mange i den videnskabelige litteratur; men det gjorde han ikke. Han var nemlig også poet og filosof, og i løbet af sit liv menes han at have skrevet omkring 4000 fire-linjede digte, de såkaldte rubai, der blev samlet i en "rubaiyat", en digtsamling. Digtene rimer typisk på linje 1,2 og 4 og det er gennem denne 4-linjede digtning, at han for alvor blev husket. Faktisk var Khajjâm gået i glemmebogen indtil irlænderen Edward Fitzgerald i 1859 oversatte hans rubai til engelsk, og så bredte interessen for Khajjâm sig over den vestlige verden.

Om mine regnestykker rygtet gaar
at de har skabt et mer nøjagtigt aar
men ak, jeg strøg kun af min Almanak
ufødt og dødt – i morgen og igaar.

Interessant, at manden som præcist kunne beregne tiden fem årtusinde frem var fokuseret på nuet. Matematikken viste hans intellekt, men digtene afslørede personligheden. Khajjâm gjorde ingen hemmelighed af, at han ikke forsagede livets sande glæder:

Her – kun et brød – under disse træer
lidt vin og nogle vers – og dig især
dig ved min side syngende i Ørk
og vi har paradis i ørkenen her.

Dette er livsnyderen Omar Khajjâm, som han lever i nuet, med vin i glasset, brød på bordet, bogen med poesi og musen på skødet.

Denne mand var Thøger optændt af.

Men hvorfra kom hans interesse for perseren? Svaret dukker op i Ebbe Kornerups bog:

Lemvig 25.-1.-1912.

Kære Ebbe Kornerup,
Med Rubaiyat har De gjort mig stor Glæde. Jeg har siden jeg fik den, læst den igennem og oversat et Udvalg på nogle og halvtreds til danske Vers.
Jeg har tillige lånt en anden Udgave af Fitzgeralds Oversættelse, indeholdende 101 Rubaiyat, hvoraf nogle i Formen af-

viger lidt fra den Bog, De sendte mig. Jeg har benyttet begge Bøger ved Oversættelsen.

Endnu en Gang tak for Gaven.
Deres Hengivne
Thøger Larsen

På en af sine rejser, er Ebbe Kornerup altså faldet over Omar Khajjâms vers i den oprindelige engelske oversættelse, og Thøger har med vanlig ildhu kastet sig over udfordringen med at gøre den gamle persiske digter tilgængelige for danskerne. Han kvitterede for bogen nogle måneder efter ved at sende Kornerup sine første oversættelser:

Det første Ler i Jordens første Land
har givet Stof til Jordens sidste Mand.
Og Verdens Skabelse skrev selv den Bog,
som Dommedagen truer med sin Brand.

Du, som af mudret Ler gav Manden Liv
og gav ham Eden, Slangen og – en Viv!
Naar han for dig af Synder sodet staar,
tilgiv hinanden, du og han – tilgiv!

Naturligvis udløste Omar Khajjâms løsslupne tanker ballade hos de religiøse ledere i Persien. Han hørte ikke til de frommeste, men var ingen hykler, og han følte sig stadig som muslim og troende; hans model af troen var blot en anden; og her er, hvad Omar Khajjâm svarede kritikerne i Fitzgeralds engelske gendigtning:

Allah, perchance, the secret word might spell;
If Allah be, He keeps His secret well;
What He hath hidden, who shall hope to find?
Shall God His secret to a maggot tell?

...

The Koran! well, come put me to the test –
Lovely old book in hideous error drest –
Believe me, I can quote the Koran too,
The unbeliever knows his Koran best.

And do you think that unto such as you,
A maggot-minded, starved, fanatic crew,
God gave the secret, and denied it me? –
Well, well, what matters it! believe that too.

Og sådan svarede den danske digter Thøger Larsen, da han blev træt af de hellige:

Deres Lærdom er den sunde,
deres Tro er den bedste.
De elsker sig selv
og lidt af deres Næste.

Skønt selv saa normale,
de ynder Sensation
i Drama, Roman
og Religion.

De gør Livet til Flovhed
bag Vane-Skimlen,
giver Jorden en Grovhed
og gør Fattiggaard af Himlen.

850 år var der mellem Omar og Thøger, men det er ikke desto mindre to stjernekiggere og digtere med samme syn på livet. Men de havde også blik for den samme strålende himmel og vidunderlige jord. Omar Khajjâms er på vej til at få endnu en dansk renæssance. Den nyeste oversættelse kom til i 2005 udført af Arash Sharifzadeh Abdi og dermed bragt til live af endnu en generation af persere, som har måttet flygte med deres frie tanker, og nu beriger vort land med deres kultur.

Jeg vil lade Thøger Larsen få de sidste ord, sådan som Ebbe Kornerup også gør det i bogen om sin ven:

Vi elsker at færdes
hvor Sol kan funkle
Jeg elsker også
det dybe og dunkle

Paa væksten mod Lyset
man Livet kender
Men Natten og Mørket
om Altet spænder

Se, Farverne slukkes
naar straaler ej tindre
Dag er en Funke
i Nattens Indre

Sol viser sikrere Vej
end Stjerne
Den blotter det nære
men skjuler det Fjerne

- - -

Og så er jeg færdig med Thøger Larsen og Omar Khajjâm – troede jeg!

Men det var jeg ikke. For af en pludselig indskydelse beslutter jeg mig for at kontakte Arash Sharifzadeh Abdi, der har oversat Khajjâms "101 Rubâî". Jeg syntes, at det var gået lige lovlig meget fortid i det hele og savnede nogle fikspunkter i det 21. århundrede, jeg kunne binde min historie fast i, og det skulle vise sig at være en strålende idé.

For Arash S. Abdi tog venligt imod min invitation til en kop te. Han er en yngre iransk digter – vidt bevandret i litteraturen – og en værdig formidler af vores allesammens kultur. Han har som sagt oversat Omar Khajjâm's firelinjede rubai men digter nu også på sit nye sprog, dansk, og havde netop haft bogreception for udgivelsen af sin første danske digtsamling, da jeg mødte ham.

Med sig havde han sine nye digte og hvad jeg var endnu mere glad for, hans *101 Rubâî* – for i modsætning til både Fitzgeralds og Thøgers gendigtninger, så hviler Arash' poesi på hans oversættelse af de originale vers, hvilket betyder, at Khajjâm nu er på omgangshøjde med moderne tider uden tab af originalt indhold. Her er nogle prøver:

Det gode det onde er i menneskets natur
glæden og sorgen ligger ligeledes på lur
Klag ej til himlen da den på forstandens vej
er tusind gange mere hjælpeløs end dig!

Da man sadlede himlens springer, ligeså
Sminkede Saturn og Mars på må og få
Dét blev fra starten vores del af skæbnen
Vi har ingen skyld, vi kiggede bare derpå.

Da himmelhvælvet ej falder i den vises smag
Kan man sfærerne til syv tælle eller otte lag
Hvad er forskellen, når vi nu med håbet skal dø,
Om myren eller ulven os fortærer i ro og mag

Jeg vil ikke ødelægge poesien med for megen analyse, men når jeg læser de tre rubai af Omar Khajjâm, oplever jeg et sofistikeret menneske, der ikke er sat i skammekrogen af tusind års udvikling. Og jeg ser i disse vers det samme, jeg ser hos Shakespeare: en verdensaccept, ikke en opgiven over for livet eller en lidelse, blot en accept af rammerne og ønsket om at udfylde dem bedst muligt. Og så genkender jeg i øvrigt de 7 eller 8 sfærer, som også Gower omtaler.

Jeg har flere gange nævnt, at jeg er interesseret i at forstå, hvad folk gennem tiderne har tænkt og følt, når de så på himlen. Khajjâm svarer tydeligt på mit spørgsmål i dette digt, hvor han sidder og kigger ud i det *uendelige* univers:

> *Hør her min bedste ven af alle, mit unikum*
> *Vær ej ked af himlen uden ende – flad eller krum*
> *Sæt dig på kanten af sjælefredens gårdsplads*
> *Og kast et blik over verdens leg med tid og rum*

Det er godt, at Arash har oversat *101 Rubâî* på ny. Så er vi klar til de næste tusind år i nuet.

Solformørkelsen

Det er 1. august og heldet er med mig. I toget på vej til arbejde læser jeg, at der samme dag kl. 10:38 er mulighed for at se en solformørkelse. Den er ikke total – den totale eklipse er forbeholdt kineserne, som forbereder deres OL og frygter, at formørkelsen vil være et dårligt varsel. Men jeg synes, det er herligt – helt eller delvist – jeg har aldrig set en solformørkelse, og himlen er blå.

Når man skal se solformørkelse skal man passe på sine øjne. Galileo endte sine dage som blind, og det tilskrives hans observationer af solen. Jeg har hørt, at man kan sode en glasplade over et stearinlys, men også, at man skal lade være. Jeg finder ud af, at man skal have "solformørkelsesbriller", hvad ellers? som koster 20 kr. på Tycho Brahe Planetariet på Gl. Kongevej.

Så jeg vandrer ned til Skt. Jørgens Sø efter mine briller. Uden for planetariet er der allerede sammenstimlet en masse mennesker, alle med front mod solen. TV er også på pletten, og der står videnskabsmænd med deres udstyr på fortovet. Det er spændende; de mange mennesker står udenfor på gaden og ser op mod himlen og minder mig om billedet fra Tintin eventyret, hvor folk er gået ud på gaden for at betragte den mystiske stjerne.

Da jeg er tilbage på kontoret og oppe på tagterrassen slår Rådhusuret 11 – solformørkelsen er gået i gang uden at vente på mig, og tre forretningsmænd sidder under en parasol og taler forretninger uden at ane, at lyset bliver svagere og svagere for hvert minut der går. Venner, undergangen venter!

Jeg tager mine nye papbriller på og ser op mod solen. De virker perfekt. Jeg ser solen tydeligt og orangefarvet. Månen er gået ind foran solen og har givet den en lille hat på. Jeg er betaget af det, jeg ser, det er et fænomen jeg har aldrig har oplevet lignende. Jeg er også betaget af en anden ting, noget helt utroligt: solen og månen er præcist lige store set fra jorden. Det er besynderligt i en grad, der grænser til det mirakuløse. De to vigtigste himmellegemer – solen og månen – dækker præcist hinanden, når der er total solformørkelse. Solen er 400 gange større end månen, men den er også 400 gange længere væk. Derfor ses de lige store. Sådan har det ikke altid været; engang for 4 milliarder år var månen halvt så langt væk fra jorden, som i dag, men den flytter sig 5 centimeter væk fra jorden hvert år på grund af tidevandets friktion mod kloden; så engang langt uden i fremtiden, vil den se mindre ud. Men menneskeheden og livets evolution topper altså – smak – lige nu på et tidspunkt i universets historie, hvor månen og solen er lige store. Det er universets største og mest markante tilfældighed.

Og her står jeg på taget midt i København med mine 20 kroners papbriller og ser det hele ske: en måne og en sol af identisk størrelse glider ind foran hinanden til venstre for Rådhustårnet. Idag kommer de blot til at dække hinanden med 32 pct., og skal jeg se en fuld solformørkelse fra taget af mit kontor, skal jeg vente til år 2142.

At se en solformørkelse kan være skelsættende. Tycho Brahe skulle have været læge, men ændrede angiveligt mening og begyndte at studere astronomi efter at have set solformørkelsen i 1567.

En solformørkelse sker altid ved nymåne – når månen er næsten usynlig – og den indtræffer, når månen glider ind foran solen. De to himmellegemer følger stort set samme bane, ekliptika, men månens bane om jorden er faktisk forskudt 5 grader i forhold til solens bane. Det er således kun, når de to kuglers baner krydser hinanden under nymåne, at solformørkelsen kan indtræffe.

I dag er det let for astronomerne at forudsige, hvornår fremtidige solformørkelser indtræffer, men det kunne babylonierne faktisk også for 2500 år siden. De kunne i hvert fald angive, hvornår formørkelser var sandsynlige. Hvordan kunne de det?

De nedskrev hver eneste nat, hvad de så på himlen, og efterhånden begyndte astronomerne at se et mønster, som gentog sig efter 18 år, noget som siden er døbt en Saros-periode. Efter 18 år var jorden-månen-solen tilbage i samme udgangsposition, som da man begyndte. Mønstret viste også, at der var stor sandsynlighed for en solformørkelse 5 eller 6 måneder efter den forrige. Og deres statistik sagde endelig, at der var chance for 33 solformørkelser inden for seks måneders intervallet og 5 inden for fem måneders intervallet. Der er med andre ord mulighed for solformørkelse 38 gange på 18 år eller godt to om året.

Hvis man slår op på Nasa's hjemmeside om solformørkelser, kan man se, at de gamle babyloniere havde ret: Som sagt var der en solformørkelse den 1. august, det véd jeg, for jeg har selv set den; dernæst siger tabellen den 26. januar året efter, (6 måneder), den 22. juli (6 måneder), den 19. januar (6 måneder) og således fremdeles. Med andre ord, astronomerne havde statistikken på deres side. Jeg er imponeret: vi taler om mennesker omkring 700 år før vor tidsregning, som havde styr på kalenderen og de vigtigste begivenheder på himlen. Nat og dag i 800 år skrev de det hele ned på lertavle og regnede på det.

Den første forudsagte solformørkelse rapporteres af den græske historiker Herodot, der fortalte, at filosoffen Thales fra Milet forudsagde solformørkelsen den 28. maj år 585 før Kristus. Det var ikke noget, han havde lært af grækerne; det var viden, han havde hentet i Ægypten, som igen havde det fra Babylon. Thales' forudsagte solformørkelsen indtraf midt i et slag mellem hære fra Medien og Lydien, og de krigende parter blev så forbavsede, at de holdt op med at slås og sluttede fred. Det skulle ikke være sidste gang solformørkelser har spillet en rolle i verdenshistorien; den 1. august 1030 blev den norske kong Olav slået ihjel i slaget ved Stiklestad og en måned senere følger en solformørkelse. Snorre Sturluson, ham med Vølvens Spådom, hævder ganske vist, at det var dagen efter, men så tæt var det nu ikke. Men med solformørkelsen var der lagt op til mytedannelser omkring drabet på Olav; det var vist ikke en dåd guderne billigede.

Tilbage til taget... da klokken er 11:36 er solformørkelsen maksimal og dækker godt en tredjedel af solens areal. Jeg har undervejs tegnet de forskellige stadier – forretningsfolkene under parasollen er gået – en kollega er kommet op på terrassen for at ryge på sin pibe, og han får lov til at låne mine briller. *Tak for synet,* siger han, inden han går ned igen *det er jeg glad jeg fik set*. Det er jeg også; det er irriterende ikke at kunne dele sine oplevelser med andre.

Kl. 12:35 er det hele forbi. Månen har nu passeret solen, i en synlig anden vinkel end da den gik ind. Og jeg har set en solformørkelse.

Måneformørkelsen

Men solformørkelsen er ikke det eneste himmelbegivenhed i august og hvis jeg havde læst babyloniernes lertavler ordentligt, ville jeg have opdaget det i tide. Lørdag den 16. august ved 23-tiden ser jeg ud ad vinduet, gæsterne er lige gået, og jeg kigger op mod fuldmånen, men den har en mærkelig form, den er dækket til for neden, så kun toppen lyser. Farven er også mærkelig. Men jeg tænker ikke rigtigt over det.

En halv time efter ser jeg igen, og ser det samme, men der er ingen skyer. Det er mærkeligt. Pludselig slår det mig: for pokker, det er måneformørkelse, selvfølgelig. For to uger siden, var vores 3 planeter på linje – og nu er vi det igen, blot er det nu jorden som skygger for månen.

De gamle babyloniere vidste det selvfølgelig; to uger før og efter en solformørkelse, er chancen for en måneformørkelse stærkt forøget. Jeg er heldig. Her sidder jeg og skriver en bog om himlen, og først kommer en solformørkelse og så en måneformørkelse. Hvad mere kan jeg bede om? Jeg kan næsten ikke holde ud at tænke på, at jeg var ved at overse en måneformørkelse. De er ikke så sjældne som solformørkelser, men alligevel.

En lille morsom detalje – Leonardo da Vinci har lavet så meget, og jeg var nysgerrig efter, om han også havde beskæftiget sig med astronomi. Det har han stort set ikke med den undtagelse, at han havde spekuleret over, hvorfor man sommetider kunne se månens omrids, også på den mørke del. Hans bud var, at det skyldes jordskin. Det havde han faktisk ret i; han troede ganske vist at det var havets bølger, som reflekterede solens lys videre til månen. Det var forkert – det er primært skyerne.

Aftenstjerner

Igennem hele sæsonen har jeg drømt om at se Venus; det irriterer mig voldsomt, at jeg ikke har set planeten i det halvandet år, mit stjerneprojekt foreløbig har varet. Venus er himlens mest lysende "stjerne", og jeg kan anstændigvis ikke skrive en bog om himlen, uden at have set Venus.

Det er ikke helt rigtigt. Faktisk har jeg én gang set Venus. Det var den 11. april 2007 ved 21-tiden på vej hjem fra et besøg hos den amerikanske ambassadør i Danmark, James Cain. Jeg kan huske datoen og begivenheden, fordi jeg ikke plejer at besøge ambassadører.

James Cain har en fantastisk bogsamling; han samler på førsteudgaver af værker, der har været med til at forme Amerika og verdens opfattelse af landet. Han har blandt andet Hemingways *A Farewell to Arms*, men også *High Adventure* signeret af selveste sir Edmund Hillary, der som det første menneske, der besteg Mount Everest en uge efter, at jeg blev født. Den bog har James Cain taget med i samlingen, selvom Hillary ikke var amerikaner, men new zealænder. Det havde jeg også gjort. Hillary stod den 29. maj 1953 tættere på himlen og stjernerne end noget menneske tidligere i verdenshistorien.

En tredje bog jeg husker fra reolen, var *Uncle Tom's Cabin* af Harriet Berket-Stowe, der skildrede de sorte slavers undertrykkelse. *Tag den bare ud og bladr i den* sagde ambassadøren på amerikansk. Bogen skabte i midten af 1800-tallet en ophidset debat om slaveriet i Amerika og startede den Amerikanske Borgerkrig – på samme måde, som kongemordet i Sarajevo startede 1. verdenskrig. – i begge tilfælde med millioner af dræbte; men Borgerkrigen førte også til slaveriets ophævelse og en nation af frie mennesker. Den bog har James Cain på sin hylde.

Jeg tænkte på ambassadørens bogsamling, da jeg bagefter kørte hjem fra den stille villavej i Charlottenlund, og for enden af vejen ser jeg pludselig Venus. Jeg vidste, at det var Venus, for den havde været omtalt i TV-vejudsigten en af de foregående aftener, og Venus er ikke til at tage fejl af. Den er først på himlen og udstråler alle andre stjerner.

Jeg tænker på sangen om Jens Vejmand, hvor en af linjerne er *mens aftenstjernen skælver af kulde i sydvest*. Hele verset lyder:

Og vender du tilbage i byger og i blæst,
mens aftenstjernen skælver af kulde i sydvest,
og klinger hammerslaget bag vognen ganske nær, –
det er såmænd Jens Vejmand, som endnu sidder der.

Denne sang er skrevet af Thøger Larsens ven, Jeppe Aakjær, og den rummer en social indignation, som Thøger ikke besad. Carl Nielsen har sat musik til, og sangen er for de undertrykte og de glemte på Thøgers tid. Den fortæller om den gamle vejarbejder, Jens Vejmand, der slider med at skabe Danmarks nye infrastruktur i begyndelsen af det 20. århundrede, nemlig et effektivt vejnet. Det foregik gennem den såkaldte makadamisering, en ny belægningsmetode opfundet af skotten MacAdam, hvor man blandede sten og grus, vandede det, og tromlede det fladt og hårdt, så det kunne bringe industrialderen frem. Jens Vejmand var ham, der hakkede stenene.

Hvem sidder der bag skærmen med klude om sin hånd,
med læderlap for øjet og om sin sko et bånd,

det er såmænd Jens Vejmand, der af sin sure nød
med hamren må forvandle de hårde sten til brød.

(- - -)

Der står på kirkegården et gammelt frønnet bræt;
det hælder slemt til siden, og malingen er slet.
Det er såmænd Jens Vejmands. Hans liv var fuldt af sten,
men på hans grav – i døden, man gav ham aldrig én.

Aakjær placerer ikke blot Jens Vejmand bag en læskærm et tilfældigt sted på heden, hvor vi kan glemme ham, hvis bare vi ikke hørte hammerslagene; han er placeret i solsystemet *"mens aftenstjernen skælver af kulde i sydvest"*. Jeg ser en ulykkelig mand, som ikke blot er glemt af samfundet og sin samtid – han er helt alene i universet. Ensomheden og håbløsheden kan ikke blive større. Jeg lærte Jens Vejmand udenad i 2. klasse på Duevejens Skole på Fredriksberg, og jeg har set ham for mig lige siden, altid i min farfars billede.

"Jens Vejmand" blev trykt første gang i Politiken i 1905 og Jeppe Aakjær har med sin digterkraft bidraget til at bringe fremgang til Danmark. Han skabte ikke opstandelse, omend han faktisk røg 17 dage i fængsel for at tale om den franske revolution, hvilket sætter den ytringsfrihed i relief, som vi i dag næsten er parat til at opgive for at få fred. Aakjær startede heller ikke en borgerkrig som Becket-Stowe, men med Jens Vejmand fik han tegnet billedet af et utilstrækkeligt samfund og manifesteret nogle universelle tanker om samhørighed mellem mennesker.

... Og så en sen eftermiddag i december, da jeg kører mine drenge til svømning, ser jeg pludselig Aftenstjernen. Der er den jo i selskab med Jupiter. De to flotteste planeter står skælvende på himlen i sydvest.

Kom nu far, siger Mikkel.

Nej, gå I bare ind, jeg kommer om lidt. jeg skal lige se på planeterne.

Er det Jupiter og Venus? spørger Nikolai, som ved, hvad der optager hans far for tiden.

Jeg bliver stående, og har lyst til at stoppe nogle andre forældre på parkeringspladsen og gøre dem opmærksomme på, at de lige nu kan se Aftenstjernen og Jupiter. Dette her har jeg ventet på i halvandet år; men jeg lader være at tale med nogen. Dette her er mit øjeblik, det har kun betydning for mig. De vil blot trække på skuldrene og smile høfligt.

Det kan godt være at ambassadøren har *Onkel Toms Hytte* af Becket-Stowe i førsteudgaven på reolen, men så længe jeg kan se Aftenstjernen på den tidlige himmel i december, vil jeg mindes mine rødder og alt det livskraftige mine forgængere står for.

Aftenstjernen er for Jens Vejmand.

Den mystiske stjerne

Den 17. januar var jeg igen ude i natten – klokken var omring 20 og Venus var lige gået ned, så jeg bestemte mig for at gå ind og se håndbold VM i fjernsynet; men jeg skulle være blevet ude i 17 minutter til, for så havde jeg haft chancen for et syn, som jeg nu næppe får siden i mit liv. Klokken 20.17 drønede nemlig en 3 kilo tung meteorit med 40.000 km i sekundet ind i atmosfæren og i 8 sekunder lyste den himlen op i et fantastisk glimt, som blev iagttaget af folk i et 300.000 kvadratkilometer stort område omkring Østersøen.

Inden for det seneste år har jeg oplevet en solformørkelse, en måneformørkelse, en tidevandsbølge og fornylig havde Danmark også det kraftigst registrerede jordskælv nogensinde, som fik min stjernekikkert til at falde ned fra skabet, så den ikke længere tegner skarpt. Derfor kunne det have været dejligt, hvis jeg også havde sat kronen på værket med et brølende meteornedslag. I stedet måtte jeg nøjes med at se en videooptagelse på nettet fra et tilfældigt overvågningskamera i Skåne, hvor jordskælvet forleden i øvrigt havde sit epicenter. Sol og Måne formørkes, jorden og havene skælver og meteorerne slår ned omkring mig. Er der et eller andet guderne vil fortælle mig?

Stribevis af mennesker ringede til aviser og meteorologisk institut for at fortælle om oplevelsen, og en journalist, der var ude at køre på cykel, da meteoret kom flyvende, fortalte, at han et kort øjeblik troede, at der var kastet en atombombe. Øjenvidner fortalte i fjernsynet, at det 8 sekunder lange lysglimt blev ledsaget af et kæmpe brag, da meteoret gennembrød lydmuren. Det er senere fundet på Lolland af en tysk meteoritjæger. Begivenheden minder mig om Tintin og Den mystiske Stjerne, hvor et meteor dukker op på himlen og sætter gang i handlingen. Jeg får lyst til at genlæse min tegneseriehelt og finder bogen frem fra en kasse på loftet:

Se dér, Terry siger Tintin, som er ude og gå aftentur gennem byen, hvor stjernehimlen med Karlsvognen ses over byens tage. "Der er en ekstra stjerne i Store Bjørn"; men Terry er ligeglad med stjernen, bare Tintin kunne se sig lidt bedre for, så han ikke træder ham over poterne. Terry kan ikke se noget særligt på himlen. En stjerne fra eller til, hvad gør det?

Men det er en ny mystisk stjerne, og den bliver stadig større og varmere, så Tintin tager ned til observatoriet, hvor han af astronomerne præsenteres for et scenario, der lige så godt kunne være præsenteret af Vølven, men som i tegneserien bliver overbragt af observatoriets leder, professor Calys, der fortæller, at den mystiske stjerne er et meteor på vej mod jorden i en sådan fart og størrelse, at *DET BLIVER VERDENS UNDERGANG*. Med den besked går Tintin sønderbrudt hjem gennem gaderne og ser alle de mange mennesker, der undrende står på gaden og ser på himmelfænomenet uden at kende den grufulde skæbne, der venter dem om kort tid.

Indledningen på fortællingen bør virke læseren bekendt: det var nemlig sådan det begyndte for Tycho Brahe, for Thomas Dinesen og nu altså også for Tintin, da de så en ny stjerne. De blev forbavsede over deres opdagelse, og præsenterede den for det nærmeste menneske, som var ligeglad og manglede forudsætningerne for at forstå omfanget af iagttagelsen. Nye stjerner værdsættes sjældent efter fortjeneste.

Hergé skrev og tegnede sin historie under 2. verdenskrig, da Belgien var besat af tyskerne, og verden igen kaldte på ny generation af *unge mænd med kræfter og vilje* til at udkæmpe endnu en krig, for nu at bruge Thomas Dinesens ord. Hergé var påvirket af at stå midt i endnu en verdenskrig; den forrige kostede 10 millioner unge mænd livet og var på sit voldsomste, dengang han var skoledreng i korte bukser og Thomas Dinesen stod i skyttegraven i Parvillers 200 kilometer væk. Det er derfor, den Mystiske Stjerne starter med udsigten til verdens undergang. 1942 var et mørkt år i Bruxelles.

Hergé lod et meteor fra himlen være truslen mod livet på jorden, men jeg er ret sikker på, at han ikke har kendt til katastrofen fra 536. Til gengæld tror jeg, at han har fået inspiration til den nye stjerne fra Novaen i 1918. Han var dengang 10 år, spejder og videbegærlig, og naturligvis kendte raske drenge til nye stjerner på himlen. Denne stjerne placerede han på første side i sin fortælling. I hele sit forfatterskab har Hergé hentet inspiration fra det virkelige liv, han har været en flittig avislæser og har elsket teknologien, fremskridtene og alt det spændende, der skete i verden, og han har bragt det hele ind i Tintins univers, som derved er blevet realistisk og troværdigt. Virkeligheden er spændende nok.

Men heldet følger Jorden i den Mystiske Stjerne. For assistenten har til professorens sanseløse raseri regnet forkert, så meteoret alligevel ikke rammer jorden men suser forbi vor klode; kun en stump river sig løs i forbifarten og forårsager voldsomme rystelser; jorden overlever denne gang, og Tintin drager i videnskabens og menneskehedens tjeneste optimistisk ud for at finde den stump stjerne, som ramte kloden. Skibet han sejler på meteorjagt med hedder i øvrigt Aurora, som var den romerske gudinde for morgenrøden, og undervejs møder Tintin og Haddock deres gamle ven, Chester, som sejler med skibet Sirius – der som omtalt, er den klareste stjerne på himlen.

Som i Vølvens Spådom, ender vi ikke med katastrofen og den ulige kamp mod mørkets kræfter; Tintin bringer håbet tilbage midt i udsigten til Ragnarok, og når det ser aller sortest ud, siger han idealistisk, *Kom så Terry, nu er vi kommet så langt, så kan vi ikke være bekendt at give op.*

Min fornyede læsning af den gamle Tintin-historie, har giver mig blod på tanden. Nu vil jeg afdække Hergés forhold til stjernerne. Der er bøger, som fortæller om Tintin til Søs, Tintin og hans biler, Tintin og Opfindelser, men ingen, som fortæller om Tintin og stjernerne. Det afsnit beslutter jeg at skrive og en hel weekend sidder jeg på gulvet i dagligstuen og læser gamle Tintin bøger og leder efter referencer til sol, måne og stjerner.

A force de croire an ses reves

Hergé var døbt George Remis, men brugte sine initialer i omvendt orden – RG – der på fransk udtales "Hergé". Han var født i Bruxelles i 1908 og blev som ganske ung ansat på avisen "XX'ieme Siecle", som betyder "det 20. århundrede", og Hergé var om nogen en værdig repræsentant for moderne tidsånd og europæisk tankegang. Han sendte Tintin ud i verden i 1929, og det næste halve århundrede afspejlede han, hvad der foregik på jorden. Men han så også ud i himmelrummet med fantasi, og i en af sine sidste historier, "Tintin og Picaroerne", introducerer han intelligente væsner fra det ydre rum, som Terry bagefter desværre er den eneste, som husker.

Mest udtalt, kommer Hergés fascination af himmelrummet frem i "Månen tur/retur", hvor Tintin sammen med sine venner drager afsted i en atomdrevet måneraket efter forbillede af den tyske raket-guru Wernher von Braun. Alle kender i dag den rødhvide raket med de tre halefinner.

Jeg har en fundet kopi af et lykønskningskort fra 1969, som Hergé sendte til Neil Armstrong, den første mand på Månen. Hergé har tegnet Tintin sammen med Haddock, Tournesol og Terry i deres rumdragter med den rød-hvide raket i baggrunden; i forgrunden står Armstrong for foden af månelandingsfartøjet Eagle og ser forbavset på den lille velkomstkomité, hvor Tintin i sin taleboble siger: *Bienvenue sur la lune, Mr. Armstrong* [*Velkommen til månen, mr. Armstrong.*] Under billedet har Hergé skrevet i hånden: *A force de croire an ses reves, l'homme en fait une realité* [ved at tro på vore drømme, gør vi dem virkelige.]

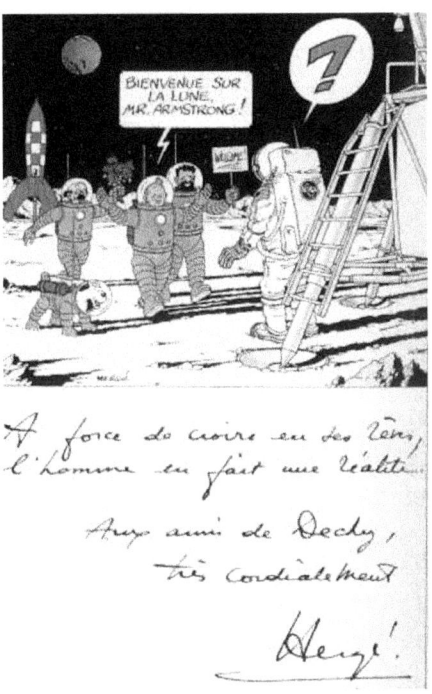

Med sin historie *Månen tur/retur* fra 1952 var Hergé i ånden på Månen 17 år før Armstrong og Aldrin, og amerikanerne, der mente, at de havde vundet rumkapløbet foran russerne. Det havde de også, men de var selv blevet slået af en ung lyshåret reporter fra Belgien.

Hergé træder med *Månen tur/retur* ind i den skare af drømmere, som siden tidernes morgen har haft blikket rettet mod månen. Læs her første vers af dette fabelagtige digt af Arthur O'Shaughnessy fra 1874 (i selskab med min gendigtning/oversættelse):

We are the music makers,
And we are the dreamers of dreams
Wandering by lone sea-breakers
And sitting by desolate streams; –
World-losers and world-forsakers,
On whom the pale moon gleams:
Yet we are the movers and shakers
Of the world for ever, it seems.

[Vi er dem, der skaber musik
det er os, som drømmer drømme
vi har havet i vort blik
og ser fjerne floder strømme
verdensfjerne og verdenstabte
på os den blege måne stråler:
Og dog er vi gnisten og gløden
for verdens evige flamme.]

Som Hergé og O'Shaughnessy udtrykker i hvert sit århundrede: Det starter med drømmen og længslerne i fuldmånens skær. Drømmerne har ingen jordisk magt, de kan ikke selv føre deres store visioner ud i livet, de kan ikke bygge måneraketter eller gigantiske storbyer, men det hele begynder, når de tænder flammen.

Da jeg startede min ekspedition over himlen var jeg forbavsende ligeglad med månen; den var ikke en sjælden og eksotisk klode som Jupiter, Mars og alle de nye stjerner, jeg lærte at kende. Den var der bare. Undervejs har jeg forandret mit syn på månen. Den er ikke længere en tilfældig lysende plet på himlen, som jeg kan tage for givet. Jeg ser den nu som det, den er, vor naboklode, der ved ét fantastisk tilfælde syner lige så stor som solen. Et himmellegeme, vi er beriget med af universet, og som påvirker os. Den styrer tidevandet på jorden, kvindernes cyklus, vor måde at opdele tiden og den får digtere til at drømme. Jeg kan blive fascineret af, at vi har en stor kugle hængende på himlen. Når jeg tænker efter, er det mærkværdigt, at vi har en kæmpestor rund sten, som cirkulerer om vores jord? Jupiter har 4 store måner, vi har bare én. Men i princippet kunne vi vel også have haft fire eller fem måner. Men nu har vi altså bare den ene. For første gang forstår jeg digterne; månen er en strålende drøm, det er det forjættede land på den anden side af jerntæppet, drømmen vi tilsyneladende ikke kan nå, og dog er den ikke helt uopnåelig.

Og så er der sket endnu noget forunderligt. Jeg er holdt op med blot at se månen som en figur klistret på himlen. Jeg ser på månen på samme måde, som jeg ser på mit ur. Det har to visere, som tilsammen danner et mønster, der fortæller mig, hvad tid det er på døgnet. Vi har som mennesker en tidsfornemmelse; at klokken er 7 om morgenen og 7 om aftenen efterlader to forskellige følelser. Når vi kender tiden, bliver vi placeret et sted i døgnet, dagen er ved at begynde eller dagen er ved at slutte. Vi tænker, føler og agerer helt forskelligt afhængig af, hvor i tidsrummet vi befinder os.

Det samme er sket, når jeg ser på månen. Jeg ser ikke blot månen; jeg placerer med det samme også solen i det store rum, og jeg opfatter mig selv stående på en klode placeret i forhold til de to andre kloder. Hvad jeg prøver at forklare er, at jeg er begyndt at se rummet 3-dimensionelt. Jeg er begyndt at fornemme solsystemets store ur rent i kroppen – ikke blot i hjernen. Sådan har jeg aldrig haft det før, men jeg er glad for, at jeg har opdaget denne fornemmelse for universet. Den kom pludselig en tidlig morgen, da jeg kørte til Jylland. Jeg kørte et par timer direkte mod fuldmånen, og med ét var jeg en del af universet.

Jeg har ikke hørt andre fortælle om en sådan oplevelse, men naturligvis er jeg ikke alene om det; astronomer har det sikkert på samme måde. Det er en vidunderlig følelse på grænsen til lykke: jeg hører til i det store 3-dimensionale rum! Det er månens skyld!

Hergé trækker astronomien ind i flere af Tintins eventyr. I Soltemplet, som foregår blandt inka indianere i Sydamerika, står Tintin og hans venner til at blive brændt på bålet, som den soldyrkende inkakultur vil antænde med et stort forstørrelsesglas. Vores venner redder livet takket være en solformørkelse, som Tintin snarrådigt tager æren for og magten over; og indianerne i solkulten gribes af rædsel over de fremmede, som tilsyneladende kommanderer rundt med solen.

Tintin og Hergés indsats ikke mindst i forbindelse med erobringen af månen og opsporingen af meteoritter i det nordlige ishav fik i 1982 det belgiske astronomiske selskab til at opkalde en asteroide efter Hergé. Asteroiden blev opdaget af den belgiske astronom Sylvain Julian Victor Arand i 1953 samtidig med, at Hergé udgav *Månen tur/retur*. Men i 1982 på Hergés 75 års fødselsdag, fik den officielt nyt navn, *1652 Hergé*. Så ude i vort solsystem et sted mellem Mars og Jupiter er der en asteroide, der kredser om Solen og for evigt vil minde verden om en eventyrlig forfatter og en ung reporter, hvis drømme rakte helt til månen.

På Bornholm

Fyret på Christiansø blinker 13 gange i minuttet og markerer landets yderste grænse mod øst. Jeg sidder og tæller blinkene på verandaen i sommerhuset i Sandkås. Som en stjerne på himlen har også fyret sin faste plads i mørket; det har kastet sit lys ud over havet i mere end 200 år og smelter sammen med de blege stjerner på himlen. Jeg holder af fyrtårne, som jeg holder af stjerner. Hjemme i Helsingør kan jeg stå længe og glæde mig over fyret på Kullen på den anden side af Øresund.

Fyrtårne markerer en grænse i mørket; her er der noget, som slutter, men de markerer også, at noget nyt begynder. Eventyret begynder på den anden side af fyret, hvor det kendte holder op. Det ville have været symbolsk, hvis jeg fra min terrasse på Bornholm også havde kunnet se Saturn. Men det lader sig desværre ikke gøre for øjeblikket. Det ville ellers have glædet mig, at jeg på samme tid kunne se lyset, der markerer Danmarks grænse, og over det, en lysende Saturn, som markerer grænsen for vort solsystem – i hvert fald den del, vi kan se med det blotte øje. Saturn er den 7. og yderste planet, og før renæssancen markerede den overgangen til den 7. Himmel. Her er imidlertid ikke nogen Saturn – her er Sommertrekanten – og hvis jeg venter en times tid endnu, vil det være så mørkt, at Cassiopeia bliver synlig.

Så er det, at jeg endnu en gang får en foræring fra stjernerne. Mikkel vågner klokken 3 om natten og får hele familien ud af fjerene, og da der igen er ro, kigger jeg ud af vinduet, hvor jeg får øje på noget, der er lige så interessant som fyrtårnets lys og ønsket om Saturn. Jeg får Venus i stedet for. På den begyndende orange himmel mod øst stråler Morgenstjernen direkte over Christiansø. Jeg har aldrig før set Venus om morgenen, men nu er den dér: *Friggestjernen* eller Frejas stjerne, direkte oversat fra romersk til nordisk mytologi. Og Morgenstjernen er livgivende ud over alle grænser – den markerer starten på en ny strålende dag – hvid og skøn – og neden under Venus blinker fyret sine 13 blink i minuttet.

Jeg er for glad til at gå i seng igen og bliver oppe med mit malergrej. Jeg har tegnet og malet de seneste dage – det er godt at have ferie, så man tillade sig at være oppe til langt ud på natten og stå tidlig op og rode med sine farver og sin himmel. Jeg er blevet inspireret efter mit seneste besøg på Oluf Høst Museet i Gudhjem. Oluf Høst var også optaget af at male stjernerne. Han malede Orion og lavede i 50'erne en serie billeder af dette stjernebillede i blå kolde farver, langt fra den varme sommernat jeg sidder i. Men Orion er også en vinterkonstellation, og i de mørke vinteraftener har han siddet i sit atelieret og set Orion stå på den frostklare himmel over Bokul, der er den store kulle hans hus lå nedenfor.

Når man står og ser på hans billede "Orion" fra 1956 vil en stjernekyndige kunne se, at der har sneget en ekstra stjerne ind på billedet, som man i dag ikke kan finde på himlen. Det er der en god grund til; for den pågældende stjerne er nemlig en 75 watts pære på husgavlen, som Høst har følt hører med til billedet. Sine Orion-billeder betegnede Høst selv som sit "kunstneriske testamente" – af alle sine mange malerier, vælger han sine stjernebilleder som de værdigste repræsentanter for sin kunst, og lidt sjovt er det, at han lader husets udendørsbelysning komme med på billedet med de fjerne kolde stjerner. Jeg synes ikke det er mærkeligt, tværtimod. For er der én ting, jeg har lært undervejs på min himmelekspedition, er det, at vi som mennesker ikke ser stjernehimlen isoleret fra jorden. Tværtimod – vi ønsker at koble himmel og jord sammen, ellers kan vi ikke forholde os til nogen af delene.

En anden maler, der var generationen før Høst, men som også malede himlen, var Vincent Van Gogh: *Det morer mig enormt at male natten lige på stedet...* skrev han i et brev til sin søster i 1888, efter at han havde malet nogle at sine mest fremragende billeder: *Stjernenat over Rhone* og *Cafeterrassen ved Place du Forum ved Nat*. Han fortalte, at det ikke var let at male stjernehimlen, men den havde en stor tiltrækning på ham: *... synet af stjernerne får mig altid til at drømme.*

Amerikanske astronomer har analyseret *Stjernenat over Rhône* og kommer stolt frem og fortæller, at ud fra vinklen på van Goghs Karlsvogn, har man malet himlen i Arles i Sydfrankrig i september 1888, hvilket i øvrigt også var det, Van Gogh selv sagde! Hvis astronomerne havde gravet lidt mere i kilderne, kunne de såmænd have fundet et eksemplar af avisen *L'homme de bronze* fra 30. september samme år, hvori der står, at *Hr. van Gogh, den impressionistiske maler, arbejder i natten på byens offentlige pladser i gaslygternes skær.* Ja, selv hvis han ikke havde stået der, hvad så? Det afgørende er, at stjernerne tændte hans drømme. Det var det, han ønskede at kommunikere gennem sine billeder.

Disse intentioner står i skarp kontrast til dem, en hær af astronomer gennem tiderne har haft; de har været drevet af en ambition om at vise stjernernes position så præcist som muligt af hensyn til praktiske formål eller videnskabelig etik. Begge bevæggrunde er lige legitime, men de illustrerer diametralt modsatte interesser. Van Goghs kollega, Oluf Høst, var ekspressionist, han tillod sig at male himlen og naturen, så billedet og farverne passede til den stemning, han befandt sig i. Han var ikke bleg for at flytte rundt på solen, så den kom til at skinne rødt ind gennem den berømte ladeport, som han malte i 20 år.

At Van Gogh havde vanskeligt ved at male stjernehimlen i natten skal givetvis tages meget bogstaveligt. Man skal helst være i mørke for at se stjernerne – men i mørke forsvinder alle farver, hvilket er et problem, jeg personligt kan genkende. Hvis man tænder lyset for at tegne, hvad man ser, går der et stykke tid, før man får sit nattesyn igen og kan se stjernerne ordentligt. Derfor vil man altid skulle male stjernehimlens farver ud fra hukommelsen. Men Van Gogh forsøgte altså at gøre det under åben himmel med overdådigt resultat, og videnskaben kan altså bekræfte, at den hollandske maler overholdt de astronomisk korrekte former.

Jeg har afsat en hel dag til at gå rundt på Oluf Høst Museet og indsnuse atmosfæren. Min teknik til at indsnuse atmosfære er at have så lang tid, at jeg kan nå at kede mig og tale med mennesker. Jeg taler hele tiden med mennesker. Dem, jeg møder i køen, hende som sælger billetter, pigen i caféen, den unge mand, som viser rundt. Jeg stikker også hovedet inden for hos den daglige leder af Oluf Høst Museet, Erik Drejer, og fortæller om mit stjerneprojekt, og vi falder i snak om stjerner, kunst og humor. Pludselig er museet ikke blot et anonymt museum; jeg kan knytte 4–5 mennesker til bygninger, og så bliver huset et menneskested, der får en helt anden værdi.

Oluf Høst boede selv i det hus, Nørresân, som i dag er museum. Når man går rundt i lokalerne eller den dejlige have med hans to atelierer op ad bjerget, er man dér, hvor kunsten blev skabt. Jeg har købt en lille æske med akvarelfarver og en blok i museets butik og sidder en times tid og maler udsigten over Østersøen og Christiansø. Bagefter går jeg gennem Høst' atelier igen, og denne gang ser på hans bøger i reolen. Han har bøger om malerkunst fra hele verden. Det kan godt være, at Høst er en hjemmefødning og ægte nordisk og bornholmsk maler, men han har vidst alt om, hvordan alle andre på kloden udførte deres kunst. Der er også bøger, jeg genkender. Med henrykkelse ser jeg Thøger Larsens "Udvalgte Digte"; Høst og jeg har læst de samme digte. Han har også Chr. Grønbæk, en livskraftig teolog, som dyrkede livets store humor, og som har været en vigtig kilde til inspiration for mig.

Når jeg har valgt at blive så længe på Høst Museet, er det fordi jeg gerne vil forstå, hvorfor Høst valgte Orion-billederne, som sit kunstneriske testamente. Netop ordet "testamente" vidner om, at disse billeder var de vigtigste for ham. Mit projekt handler om at afdække, hvad kreative mennesker tænkte og følte, når de så på himlen.

Som nævnt var Høst ekspressionist. I modsætning til impressionisterne, der malede de indtryk, som de fik fra omgivelserne, malede han sine omgivelser ud fra det humør, han var i. Derfor kunne han male det samme motiv i det uendelige: mest berømt er laden Bognemark, som han malede mere end hundred gange. Billederne kom altid til at se forskellige ud, for hans humør og tanker skiftede hele tiden.

Høst fik to sønner med sin hustru Hedvig: Niels og Ole og sidstnævnte var en talentfuld maler som sin far. Men Oluf var ambitiøs på sønnens vegne, og efter en hel dag i atelieret, kunne far Oluf være hård i kritikken af sønnens arbejde. Næppe det rette brændstof til at udvikle sit fremtidige kunstneriske kald, og jeg kan forestille mig, at deres forhold har været anstrengt.

Ole søgte derfor forståelse andre steder og knyttede sig til en østrigsk kulturpropegandist og skribent Fritz Waschnitius, der repræsenterede de nye nationalsocialistiske ideer, der kom til at betage den unge kunstner. Så meget, at Ole i sommeren 1942 besluttede sig at rejse til Tyskland og melde sig til Frikorps Danmark, der var frivillige unge danskere, der kæmpede i Waffen SS på Østfronten. Oluf søgte at overtale sønnen til at opgive sit forehavende og sendte broderen Niels til København for at stoppe ham. Men det var forgæves, Ole ville til fronten og slås mod kommunisterne.

I et af rummene ved indgangen til haven, hænger et vinterbillede af Bognemark laden. En sort skygge bevæger sig hen over maleriet, der hedder *Vinterdagen dør* – billedet har ikke været flyttet, siden det blev hængt op. Oluf Høst malede det iskolde billede i vinteren 1942/43, mens Ole som menig i Panserregimentet Wiking var indviklet i hårde kampe på Østfronten.

Den 20. juli 1943 modtog Oluf Høst så beskeden om, at Ole var faldet i Barwenkowe i Ukraine.

I flere år derefter malede Oluf sine motiver fra Bognemark med retning mod Barwenkowe, Sine billeder signerede han med "OH BB" – "OB" for Ole/Oluf Høst og de to "B'er" for Bornholm og Barwenkowe. Hans hustru Hedvig var på dette tidspunkt dybt neurotisk, og jeg kan se den ulykkelige ensomme far med sin malerkasse traske op ad Bokul-bakken til Bognemark for at stille sig op og male for sig selv og sin søn. Hans sorg er så gammel som menneskeheden selv; og den rækker lige så langt ind i fremtiden, som stjernerne står på himlen. Det er i det lys, vi skal forstå hans Orion billeder – hans kunstneriske testamente.

Jeg har haft mit atlas fremme og fundet Barwenkowe i Ukraine. Byen ligger omkring 2000 km sydøst for Gudhjem, og når jeg går ud i den mørke og kolde vinternat, og ser mod sydøst, ser jeg Orion. Det er dét, Oluf Høst så, når han vendte blikket mod Barwenkowe! Det var her hans testamente skulle males.

Nogle vil måske sige, at det er tilfældigt: Van Gogh valgte Karlsvognen ved Rhone og Høst valgte Orion på Bornholm; det kunne have blevet et hvilket som helst stjernebillede. Det tror jeg ikke. Karlsvognen ser man hele året cirkle om sin pol – Orion dukker først frem, når *vinterdagen dør*. For Høst har stjernebilledet været hans monument over sønnen Ole, tror jeg; det er dette monument, han har malet og som vil stå længe efter han er borte. Det er samtidig tankevækkende, at i græsk mytologi var det månens gudinde Artemis, der ved en fejltagelse kom til at slå den store jæger Orion ihjel og som kompensation placerede ham på himlen til evig beskuelse. Var det ikke, hvad Oluf Høst gjorde ved sin søn?

Jeg tror, at tanken om den evige Orion, har bragt ham trøst; det har sat hans sorg i relief i rum og tid. I en helt anden sammenhæng, talte jeg med en kollega, der som ung havde været på kostskole i Afrika, og som havde følt sig ensom. Han sagde: *Det gav mig følelse af trøst at ligge og se op mod stjernerne.*

Van Gogh sagde, at stjernerne fik ham til at drømme, men jeg tror, at stjernerne fik Oluf Høst til acceptere de brudte drømme. De bragte en højere mening ind i et ufuldstændigt liv med et dårligt fungerende ægteskab og en søn, som han mistede for en forkert sag på et forkert sted på kloden.

Jeg er ikke til at drive ud af museet, og i butikken udvider jeg min bogsamling med to bøger. Jeg køber en bog med Høsts illustrerede breve, og en anden *Himmel og Jord*, der handler om Emil Nolde og Oluf Høst – to mænd, der så verden i nye farver. Jeg bestiller en kop kaffe i caféen, og sætter mig i haven med mine nye bøger. Det er spændende læsning om to ekspressionister, som begge var optaget af jord og himmel. I 1937 bliver Nolde betegnet som "entartet" og censureret bort fra de tyske kunstmuseer. Han boede og arbejdede lige syd for grænsen, og under krigen fik han maleforbud af nazisterne. Det er som med Giordano Bruno, der kom på Vatikanets forbudte liste, magthaverne føler sig tydeligvis truet, når mennesker tegner nye billeder af universet.

I *Himmel og Jord* læser jeg, at Høst var fascineret af van Gogh. Høst var i Berlin i 1928 og se en udstilling af hans billeder, og det gjorde et stærkt indtryk på bornholmeren. På væggene i atelieret hang efterfølgende reproduktioner af van Goghs malerier, hans breve blev studeret, og kunstkritikere mener at kunne se hollænderens indflydelse på Høst. Oplevelsen i Berlin kan endda have fået Høst til at arbejde med solnedgange. Måske har hollænderens stjernebilleder også lagt et frø, som begyndte at spire, da den kunstneriske testamente skulle males.

Helleristninger

Men jeg er ikke kommet til Bornholm alene for at kigge stjerner og studere kunst; jeg er også kommet hertil for at se på helleristninger, for det er på Bornholm, man finder Danmarks flotteste helleristninger. Det er tegn og figurer, som bronzealderfolk for 2500 til 3000 år siden hakkede ned i klipperne. Ordet er afledt af svensk "hällristning", hvor "häll" betyder klippe og "riste" betyder ridse. Denne klippekunst forestiller typisk skibe, sole, ofte med kors igennem, dyr, mennesker og fodaftryk samt en hel masse skålgruber. Det er en til to centimeters dybe udhulninger i klipperne, lagt ud som et prikket uregelmæssigt mønster mellem symbolerne.

Det ligner stjernekort og mit drømmescenario er, at jeg kan sandsynliggøre, at disse skålgruber forestiller stjerner, og at jeg vil være i stand til at identificere stjernebilleder ristet i Bornholms klipper, på den tid da astronomer i Babylon gjorde det samme i lertavler.

Det skal understreges, at arkæologerne endnu ikke har lykkedes med at tyde helleristningerne; der er altså ikke nogen facitliste. Nogle arkæologer mener helleristnings-felterne er helligsteder, hvor man har tilbedt guderne og ikke mindst solen, der bliver ført med skibe over himlen; andre mener, at skålgruberne er en slags kalender, måske begge dele på en gang. Gud og det praktiske liv behøver jo ikke at være adskilt. Men vi ved det ikke. Helleristningerne på Bornholm er blevet skabt over en periode på

400 år, og stilen er i vid udstrækning den samme over hele Skandinavien, omend motiverne varierer. På Bornholm er der flere skibe end de steder, hvor bronzealdermændene jagede i skove. Dér ser man elge og rensdyr. Når man ser på kortet over helleristningernes udbredelse, kan man se, at det er kystfænomen. Man har sejlet i bronzealderen, det er sådan kulturen er udbredt og bundet sammen, og skibe er følgelig også et yndet motiv.

Der er mange helleristnings-steder på Bornholm, jeg har talt 15 forskellige felter på kortet, men jeg har fokuseret min energi på tre forskellige felter ved Hammersholm, Storeløkke og Madsebakke i den nordlige del af øen. Jeg er helt væk fra verden, når jeg går rundt og ser og rører ved fordybningerne i klipperne. Hér har mennesker for 2.700 år siden banket symboler og tegninger ned i granitten, og jeg kan mærke deres tilstedeværelse med fingerspidserne. Tre årtusinder er ikke gået sporløst over bronzealder-kunsten, vejret har slidt på overfladen, men dér, hvor den har været overgroet og dækket af jord, er den forbavsende intakt.

Jeg har et aftryk af en af helleristningerne fra Hammersholm, skabt ved at stryge et ark karbon-papir hen over papiret og bagefter fiksere aftrykket med en tot frisk græs. Det er sådan arkæologerne gør, og jeg kan godt lide denne simple metode til at aflure og fastholde fortidens budskaber. Mit helleristnings-aftryk forestiller to fødder taget på Hammersholm feltet. På nogle af felterne, blandt andet i Østermarie, er der så mange fodtegn ristet i klipperne, at de ligner en danse-manual fra 1940'erne: *Sådan flytter du dine fødder, når du skal danse quickstep.*

Det morsomme ved disse fodtegn er, at de både er i barne- og voksenstørrelse, med og uden sko. Min personlige opfattelse er, at modellen har kørt foden rundt i bålets aske, og herefter lavet et sort aftryk på klipperne, som kunstneren derefter har hugget ud. Sådan ville jeg gøre. Spørgsmålet er så, hvorfor man har hugget de mange fodtegn? Jeg har to teorier; enten har det været en beskrivelse af, hvor man skulle stå på et bestemt tidspunkt fx for at se midsommersolen stå op. I stedet for en pil – *se den vej!* –

har man lavet et fodaftryk, som automatisk får de pågældende til at se den rigtige vej. Eller også ville bronzealderfolkene, som alle andre mennesker, gerne sætte deres mærke på verden. Med vort aftryk, hugget i klippen, kan efterkommere i årtusinder se, at vi har gået på jorden og spillet en rolle i verden. Vores liv er dermed ikke gået ubemærket hen. Jeg synes, det er vidunderligt: vi kan ikke alene mærke og se, at her stod et menneske for årtusinder siden. Vi ved også hvilken størrelse sko vedkommende brugte.

Madsebakke ved Allinge er Bornholms og Danmarks mest imponerende helleristnings-felt. Der er fodtegn, skibe og et smukt solkors smykket med et mønster af skålgruber. Her har jeg siddet en hel eftermiddag og bare fulgt solen over himlen. Jeg har i bogstaveligste forstand stået i mine forgængeres fodspor og skuet ud over havet, og jeg har haft fingerspidserne ned i enhver af klippens fordybninger. Men selvom jeg gerne ville, mener jeg ikke, at de mange skålgruber skal forestille stjernebilleder! Jeg har selv set på himlens mønstre, og jeg kan tegne stribevis af stjernebilleder efter hukommelsen. Disse mennesker har hele deres liv ikke bestilt andet end at se på stjernerne, når det blev mørkt. Hvis de havde haft intentioner om at tegne stjernebilleder, havde de gjort det, så vi kunne genkende det i dag. De var lige så intelligente som os; mit scenario, at helleristningerne er stjernekort, tror jeg ikke længere på.

Men jeg tror, at de gamle har hentet inspiration fra himlen. På Anebjerghøj nær Sandvig, er der aftegnet 14 skålgruber i en sirlig formet bue. Jeg har svært ved at tro, at det forestiller andet end solen eller månen på sin vej hen over himlen. Antallet af skålgruber er 14, det er en måne cyklus! Det er en oplivende tanke, at der måske var mennesker på Anebjerg på Bornholm, der samtidig med babylonierne stod og talte månenætterne og efterfølgende var i stand til at forudsige, hvornår månen ville være fuld og ny, og hvornår dens horn ville begynde at skifte retning.

Tanken om at de 14 skålgruber kan være en månekalender, giver mig følelsen af at være på opdagelse. Skal der ikke mere til, for at vi aflurer verden dens hemmeligheder? Nu ønsker jeg ikke at være arrogant og skråsikker, for jeg aner ikke, om de 14 tegn er en månekalender?

Jeg kan huske, at jeg har læst om en tysk forsker, Dr. Michael Rappenglück, ekspert i forhistorisk astronomi ved Universitetet i München. Han har studeret hulemalerier fra istiden for 12.000 år siden, og han mener, at også disse forfædre lavede månekalendere på væggen i Lascaux Grotterne i Frankrig. Måske kan *han* hjælpe mig til et svar. Jeg finder hans adresse og sender ham en mail med min tegning af Anebjerg helleristningerne og min formodning om, at det kan være en månekalender.

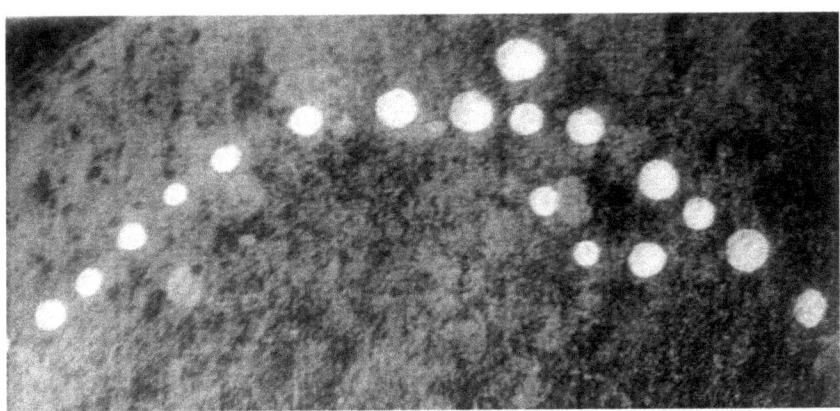

20 minutter senere har jeg svar. Han sad blot i München og ventede på min mail: Dr. Rappenglück kender ikke de pågældende helleristninger, men har været på Bornholm tre gange og studeret helleristninger. Han er tilbøjelig til at give mig ret. Tallet 14 refererer ikke til solen men snarere til månen. I det gamle Indien, fortæller han, var en halv måne på 14/15 døgn betragtet som vigtig og hed *"tithi"* og han bemærker også, at der er fire skåltegn, som går på tværs. Min teori har været, at de 4 tegn var en del af et stjernebillede som månen gik igennem. Men Rap-

penglück mener, at det kan være de dage, da man ikke kan se månen i dens cyklus – hvor den er "sort". Han understreger, at det at anvende månecyklen og holde styr på tiden ved hjælp af pletter i buet række også kendes fra Mesolitisk klippe kunst.

Nu begynder det at blive sjovt!

Jeg videresender korrespondance med Rappenglück til Flemming Kaul på Nationalmuseet; han er ekspert i helleristninger og kender selvfølgelig den pågældende helleristning. Han har hidtil ment, at de 14 skåltegn kunne repræsentere sigtelinjer mod solens opgang i årets løb, men han mener, at teorien om en månekalender også kan være sandsynlig.

Til sommer vil jeg igen over til Bornholm og efterprøve hans teori. Kan helleristningerne i Anebjerg være en solopgangskalender? Uanset hvad det betyder, så er helleristningen blevet bragt til live for mig.

Tre uger efter min lille mail-ekspedition trasker jeg rundt på stranden på Hven og opdager pludselig nogle optegnede helleristninger på vestsiden af øen. De har garanteret stået på toppen af skrænten og er faldet ned, da havet på et par tusind år har ædt tilstrækkeligt af skrænten. De forestiller en hest og nogle solhjul. De er langtfra så imponerende som på Bornholm, men jeg er glad for at se dem på min ø, lige neden for de damme, Tycho Brahe byggede til sin papirmølle. Med den viden, jeg har nu, gætter jeg på, at helleristningerne har markeret solnedgangen.

Jeg føler mig som et privilegeret menneske, som jeg står her på stranden og ser solen gå ned over Sjælland.

Historien om Peder Nattergal?

Mit stjerneeventyr har ikke fulgt nogen planlagt rute; jeg har hele tiden fulgt de spor, som tilfældet har lagt ud for mine fødder, men disse spor er aldrig endt blindt; Hver gang jeg har fået min nysgerrighed stillet og synes, jeg er kommet til bunds i en sag, er en lille flig af noget nyt og spændende dukket op. Det gælder også historien om Peder Nattergal. Ham må jeg fortælle om. Jeg kan slet ikke forstå, at der ikke er flere, som kender ham.

Det begyndte med Chaucer og the Franklin Tale, dér hvor han skriver om troldmanden ... *His tables Tolletanes forth he brought*. Altså, *han fandt sine Toledo tabeller frem*. Toledo tabellerne var tabeller over stjernernes og planeternes bevægelse udarbejdet af islamiske astronomer på grundlag af Ptolemæus gamle Almagest.

Jeg googler *Toledo tabeller* for at få mere at vide om dem, og frem dukker en mødeindkaldelse fra Videnskabshistorisk Selskab. Indkaldelsen har i syv år fået lov til at ligge på internettet, selvom mødet for længst er blevet holdt. Foredragsholderen var Frits S. Petersen, som har oversat de astronomiske tabeller fra latin, og indkaldelsen fortæller, at de blev udarbejdet i Toledo og Cordoba omkring 1080, og at de i det 13. århundrede blev flittigt kopieret og spredt over Europa. Omkring hundrede af de håndskrevne bøger eksisterer stadig, og så er det, Petersen skriver ... *de blev brugt af alle, der skrev om astronomisk reg-*

ning, blandt andet Peder Natergal omkring 1300. Faktisk er der meget lidt originalt ved dem...

Det er hér latinisten og jeg har forskellig tilgang til, hvad der er fascinerende: For hvem er Peder Natergal? Jeg kan da ikke forbigå en dansker, som for over 700 år siden sad og arbejdede med Toledo-tabeller. Han kunne i princippet være rollemodellen for den troldmand, som Chaucer omtalte og som beregnede højvandet i Bretagne. Alene navnet *Peder Natergal* forlanger opmærksomhed.

Jeg googler *Peder Natergal* og får kun én eneste artikel op, nemlig den jeg allerede har læst. Jeg ringer til latinisten, men han har helt mistet interessen for Toledo-tabeller og Peder Natergal og afslår høfligt min invitation om at drikke en kop kaffe, så han kan fortælle mig om sine tabeller og den mystiske Peder Natergal. Det er jeg skuffet over.

Jeg prøver at google igen: denne gang staver jeg Natergal med to t'er, og nu begynder jeg at få svar på mine spørgsmål, ikke mindst takket være en strålende beskrivelse af den katolske middelalder i Danmark, forfattet af professor Helge Kragh, samme mand som gav mig en hjælpende hånd, da han udpegede Nunki.

Peder Nattergal var ansat ved Roskilde Domkirke som kannik, altså en slags munk eller præst, og hvad der får mit blod til at rulle lidt hurtigere: han var matematiker og astronom og gik under det latinske navn Petrus de Dacia, som betyder Peder fra Danmark. Han havde også tilnavnet Petrus Philomena. Philomela (med et l) betyder Nattergal på latin, og det har han har heddet siden.

Der var videnskabelige krummer i Peder Nattergal. Som ung mand i Roskilde var han med til at udarbejde en kalender, der angav Solens højde ved middag samt dagens længde, idet han gennem hele 1274 målte solens højde ved hjælp af et såkaldt astrolabium; og hvor havde Roskilde munkene sådan et instrument fra? Det havde de såmænd fra araberne i Spanien; et astrolabium var et arabisk måleinstrument, som jeg læste om på min læsesal i Cordoba.

I 1290 havde Peder Nattergal forladt Roskilde og var nu i Bologna i Italien, hvor han sugede ny viden til sig og skrev en række kommentarer, der blandt andet indebar forenklede metoder til multiplikation af tal, han udviklede en ny fremgangsmåde til udregning af kubikrødder, han udviklede teorier om differensrækker baseret på arbejder, udført af Pisa matematikeren, Leonardo Fibonacci, der igen havde hentet inspiration i en islamisk bog om algebra, der såmænd var skrevet af Omar Khajjâm.

Nattergal studerede og underviste efterfølgende en periode i Tyskland og fortsatte derefter til Paris, hvor han arbejdede med sin astronomi og udformede en tabel, som viser i hvilke stjernetegn, månen befinder sig i fra 1292 til 1369. Det var *derfor* han fik tilnavnet Philomena. På latin betyder "philomena" nemlig "månekenderen" og altså ikke Nattergal, der på latin staves "philomela" med et "l". Nattergal er simpelthen en fejloversættelse; men måske har man også dengang moret sig over sammenfaldet: de er begge vågne om natten.

Hans talent som månekender er interessant i sammenligning med, hvad Chaucer skrev om magikeren i Franklin's Tale:

(he) knew the arisyng of his moone weel,
And in whos face...

[*og (han) kendte månens opgang vel*
og i hvilken konstellation...]

Peder Nattergal var helt fremme i den europæiske videnskabelige front. Den videnskab, han beskæftigede sig med, blev fremhævet som epokegørende selv et århundrede senere. Hans beregninger af månen lå inden for at kvarters nøjagtighed. Vi har her med en mand at gøre, som er i format som Rømer og måske Omar Khajjám. Peder Nattergal må have været både lynende intelligent og kreativ og han udviklede nye metoder, instrumenter og modeller til bestemmelse af himmellegemernes bevægelse. Helge Kragh fortæller, at principperne i de regneinstrumenter, som Peder Nattergal konstruerede, var grundlaget for det måleudstyr astronomer brugte i det 14. århundrede, og så er det, at jeg hopper i stolen, da jeg læser videre i Helge Kraghs essay:

Dette er således tilfældet med et instrument beskrevet i 1391 af den engelske forfatter Geoffrey Chaucer (ca. 1340 til 1400) bedre kendt for sin berømte The Canterbury Tales

Jo tak, professor, jeg kender godt Chaucer, og nu har du foræret mig en direkte forbindelse mellem ham og Peder Nattergal. Jeg søgte ikke forbindelsen, anede ikke der var nogen, men nu har jeg fået den forærende.

Brikkerne falder på plads en efter en: Aristoteles, Ptolemæus, Averroës, Bruno, Shakespeare, Galilei, Tycho Brahe, Ole Rømer, Gower, Chaucer, Peder Nattergal, Thøger Larsen, Omar Khajjâm og alle de andre. De er ikke isolerede øer: de hænger sammen; jeg kan følge deres tanker og kreativitet i en kædereaktion, som præsenterer sig selv for mig. Deres viden, følelser og etik hænger sammen som partikler i et molekyle: hver for sig er de interessante, men sammen danner de et hele, en fornemmelse for udvikling, en bevægelse hen over jorden som kaster sit lys op på himlen...

Jeg hilser Peder Nattergal velkommen i flokken, jeg er glad for at have gjort hans bekendtskab. Helge Kragh giver ham følgende karakteristik: "Peder Nattergal var en af Danmarks første lærde på internationalt niveau og måske den første, der med rimelighed kan betegnes ikke blot som lærd men også som videnskabsmand". Skulle Nationalbanken finde på at udstede eurosedler en dag, kunne de passende trykke Peder Nattergals billede på forsiden som en værdig repræsentant for dansk europæisk forskning, dengang det hele startede.

Mystikken

På Bornholm gribes jeg af et anfald af nordiske mystik. Det er en forunderlig følelse af noget stort, som jeg kun kan fornemme, dog allerstærkest omkring de lyse milde nætter ved Sankt Hans. Denne mystik er skabt af naturen og vore forfædre, der har efterladt sig små tegn for fremtiden. Som Armstrong, der satte sine fodaftryk i månens grus, satte bronzealdermanden sine på klipperne, der i forvejen var mærket af istidens skurestriber syv årtusinder tidligere. Efterfølgende generationer har hver givet deres æteriske bidrag til stemningen, slidt langsomt ind i verden, som udhulede trin i en granittrappe. Johannes V. Jensen beskriver de glade børn, der løber ud og leger, når den første sne falder, som isbørn; de husker stadig bræen, det ligger dem i blodet. Jeg tror han har ret; svalerne kommer også tilbage generation efter generation, fordi de ved, at de hører til her. Vores gener rummer en stump af fortiden.

Denne flig af forsiden er livgivende for mig. Den er i stand til at trigge min fantasi, så jeg fornemmer alt det, som ikke længere er. Mystikken er skabt af stedet, lyset og de skiftende årstider, denne konstante rytme, svalerne der kommer til tiden, og de vildfarne vindruer, der blomstrer umiddelbart efter. Dette vidunderlige lys, om hvilket Thøger digtede:

Naar dine Bølger mod Bredden gik,
beruset blå som Gudinders Blik,

en Ungdom jubled din Lovsang ud,
kun klædt i Solskin og brunet Hud.

Denne konstante gentagne variation, som alene hænger sammen med vor unikke placering i universet; vi er på den øverste del af en klode, som hælder en smule i forhold til solen i den geniale afstand, som får Sol og Måne til at syne lige store. Det er mystikken, som holder os i levende. Jo mere vi afdækker, jo mere ukendt opdager vi nedenunder. Det er lige som med kærligheden; den er vi heller ikke færdige med, bare fordi vi har skrevet et enkelt kærlighedsdigt. *Det var så det, med mit digt har jeg beskrevet alt, hvad der er værd at vide om kærlighed.* Nej, mystikken betyder, at vi aldrig bliver færdige; at vi har en uudtømmelig kilde til forundring og eventyr.

Jeg føler mig glad for at bo og leve, hvor jeg gør, at være fra Norden, at have Karlsvognen over mit hoved, at have lyse somre og mørke vintre; jeg er glad for at have del i det danske sprog, som jeg med Finnbogadóttirs ord fik overdraget at give videre til mine efterkommere. Sproget har sin egen mystik. Det er med sproget, som med helleristningerne og skurestriberne i klipperne. Ordene strækker sig tilbage i tiden, jeg har oplevet det igen og igen på min tidsrejse: jeg kan stadig læse tanker, nedskrevet for tusind år siden

fossen falder
ørnen flyver over
og i fjeldet
fisker den

[falla forsar,
flýgr örn yfir,
sá er á fjalli
fiska veiðir.]

Jeg deler ord med Sturleson, med Chaucer, med Ibn Rushd, med mesopotamierne og alle de andre. Vi har delt ord altid. Ordene er gentagne fra generation til generation, og de har opsamlet en lille smule historie og energi fra hvert led; og det er muligt at fornemme skønheden og mystikken bag dem. Hvert ord, er et eventyr for sig.

Jeg elsker at have del i himlen, som jeg ejer sammen med resten af livet. Det er den mest konstante referenceramme, menneskeheden har. Vi har delt den med hinanden altid, og jeg ved nu, hvad mennesker før mig tænkte og følte, når de så op på nattehimlen.

Jeg ved nu, hvordan Galilei følte det, da han så Jupiters fire måner, jeg kender på egen krop Ole Rømers ophidselse, da han opdagede lyses tøven, jeg kan forstå oldtidens forundring over Mars, der bevæger sig baglæns, jeg er sammen med Thøger Larsen, når vi læser Omer Khajjâm og jeg lider med Giordano Bruno på bålet.

Man siger, at mennesket er skabt af stjernestøv. Det er også rigtigt. Forskerne fortæller, at alle grundstofferne op til jern har kunnet skabe sig selv i energien fra Big Bang, da Guds hjerte sprak og frigav en kærlighed, der var så stor, at den kunne dække hele universet og følge med alle partikler helt ud til randen. Men de tungere metaller behøvede mere energi, som de fik tilført, når stjernerne faldt sammen i kæmpe blitz magen til det, som Thomas Dinesen så i 1918, dengang min far blev født på Christianshavn. Med novaerne blev de tunge metaller skabt og slynget ud i rummet, hvor de lagde sig som stjernestøv over jorden og de andre kloder. Ud af dette støv blev mennesker født.

Vi har vitterlig stjernestøv i os, og det kan vi mærke, når vi bevæger os ud i den mørke klare nat. Så længes vi mod stjernerne, de får os til at drømme og blive betaget. For et kort øjeblik føler vi os som en del af universet. Ligesom arvematerialet, dna'et, der i hver eneste celle i kroppen indeholder alle de informationer, der skal til for at skabe et helt menneske, sådan føler jeg mig i glimt; jeg har det hele i mig: stjernerne og jeg sad i den samme lille kompakte klump, som for 14 milliarder år siden pludselig eksploderede og startede hele kværnen.

Efter *Big Bang* fik vor fælles punkt pludselig tre dimensioner, og universet kunne måles i højde, længde og bredde. Vi blev født ind i en tredimensionel verden, og ingen steder føler jeg det så tydeligt, som når jeg står i den mørke stjernenat; her fornemmer jeg, at jeg står i et vældigt rum. Jeg har en snert af den samme fornemmelse, når jeg står i en stor katedral; også den gør mig ydmyg. Det er denne endeløse storhed i tre dimensioner, som kun stjernenatten giver, dette er ikke bare en teaterkulisse, som de troede, indtil Giordano Bruno lærte dem noget andet; vi har tværtimod fået lov til at se alt det, der er: Vi ser lige ind i Guds Rige. Er det ikke en fantastisk tanke?

En god ven fortalte, at han på sine udlandsrejser ofte ringede hjem til sin søn og fik ham til at gå ud på terrassen og se på Nordstjernen. *Den ser jeg også på*, sagde han i telefonen – *længere er vi ikke fra hinanden*. Jeg fortalte historien for en anden god ven, og til min store forbavselse fik han tårer i øjnene. Han havde brugt det samme billede, når han talte med sin datter i telefonen – de havde blot set på månen sammen.

At se på stjernerne giver et perspektiv, intet andet kan give. Vores indskrænkede opfattelse af afstand og vigtighed bliver udstillet og latterliggjort i Universet. Verden er meget større, end vi går rundt og bilder hinanden ind. Kroværten på Hven, formulerer det anderledes end mine venner, og giver deres iagttagelser endnu en vinkel: "Når vi fra stjernerne ser ned på jorden, virker det, som om der sker så meget. Men når vi ser op på stjernerne, sker der i virkeligheden intet som helst – ingenting alls". Det er sjovt formuleret, for nu har kroværten bragt tiden med i ligningen. Den kom nemlig også fra Big Bang – tidernes start.

Albert Einstein fortæller, at tiden er den 4. dimension, og nu begynder skællene at falde fra mine øjne. Det her har været mine to års anstrengelser værd. Jeg er ved målet og nærmer mig den hellige gral, som har været skjult for mig i et halvt århundrede. Jeg tænker på min oplevelse med Jupiters måner. I tre uger fulgte jeg deres mønster og skrev dem ned i min notesbog, blot for at finde et billede af Galilei's noter fra 1609 og opdage, at de er identiske med mine.

Jeg har sprængt en firehundred års tidsbarriere og fået lov til at stille mig lige bag ved den gamle astronom, da han som det første menneske så, at alt i universet ikke drejer sig om os. Galileo, længere er der ikke mellem os! Jeg ser det samme som dig.

Den følelse har jeg stadig oftere, jo længere jeg kommer ind i mit eventyr. Jeg bliver bedre og bedre til at føle mig samtidig med de mennesker, jeg lærer at kende. Måske har alle mine koncentrerede studier i virkeligheden blot trænet min empati. Jeg bliver nu ubesværet ét med andre menneskes tanker og følelser. Jeg er lykkelig over denne nye følelse; for når jeg nu kan føle som mine forgængere, hvad betyder så tiden imellem os?

Måske kan jeg ikke trykke hånd med Khajjâm, Ibn Rushd, Bruno, Thøger, Galilei, Thomas Dinesen, Nattergal og de andre helte, jeg har fået, men hvis jeg kan føle og tænke som dem, hvor meget er så gået tabt over årene? Det vigtigste er stadig spillevende. Det samme er mine tanker og følelser efter mig. Jeg er ikke i liga med omtalte personligheder, men mine værdier og følelser er, og dem vil jeg dele med andre mennesker, som kommer efter mig. Længere er vi ikke fra hinanden!

Nu ved jeg, hvad nattehimlen og stjernerne har gjort for mig:

Sol viser sikrere Vej end Stjerne
Den blotter det nære men skjuler det Fjerne

Natten giver det, dagen aldrig kan give: Den giver adgangen til følelsen af 4 dimensioner. Større bliver det ikke. Jeg kan gå ud i stjernenatten og blive frisat, opleve det guddommelige 4-dimensionale uendelige og tidløse rum, som Giordano Bruno fandt.

I et kort glimt ser jeg Gud, og jeg føler glæden ved at være et støvfnug i universet. Så glider jeg tilbage i den 3-dimensionelle hverdag og snart skrumper min verden yderligere ind til A4 størrelse, hvor denne fantastiske følelse, jeg har været to år om at finde, skal bankes ned i Courier inden for papirets 21 x 30 cm.

Det har været besværet værd. Jeg har fået det, jeg tog afsted for at finde. Rejsen har været eventyrlig og nu kender jeg vejen. Jeg kan rejse fra stjerne til stjerne over himlen, og de vigtigste stjerner og mønstre er fast forankret i udødelige mennesker og begivenheder, som jeg ikke anede eksisterede, da jeg begyndte, men som nu definerer mit syn på universet, evigheden og nuet. Jeg har tegnet et kort i 4 dimensioner, så jeg altid kan finde tilbage, når jeg vil; men jeg tror ikke jeg vil gentage min rejse lige med det samme. Livet er blevet mystisk igen, mens jeg har været væk, der er nye eventyr, jeg skal ud at opleve.

Efterskrift

Inden jeg forlader stjernerne helt, er der lige en sidste oplevelse, jeg skal have med. Chancen er pludselig dukket op: Jeg kan komme til at se Merkur, hvis vejret er klart. Det er det. Vi har den klareste april i mands minde. Tekst-tv har fortalt, at Merkur her i slutningen af april giver en af sine sjældne forestillinger på himlen. I 14 dage vil den være til at se på den nordvestlige himmel lige efter solnedgang. I to år har jeg drømt om at se Merkur, men forholdene har aldrig været til det. Merkur er den planet, der er nærmest solen, og den optræder i lighed med Venus kun som morgen- og aftenstjerne. Den er endda så tæt på solen, at den på vore breddegrader altid ses på en lys baggrund, men det er heller ikke nogen skidt referenceramme.

Nu er den hér i Helsingør, sammen med foråret. Det er den 21. april, bøgetræerne er næsten sprunget ud, flagermusene er gået på vingerne og jagter insekter, og klokken er 21:15 i den iskolde klare forårsaften. Jeg hopper på cyklen og kører op til golfbanerne. Merkur er nemlig så lavt på himlen, at jeg ikke kan se den hjemmefra. Jeg må op på toppen af bakken og have frit udsyn. Jeg kører ind over fodboldbanerne, kæmper mig gennem buskadset ind til golfbanerne og kravler op på toppen af en lille høj med fint klippet græs.

Hele den vestlige og nordlige himmel lukker sig op for mig. Et lille flag ved et af hullerne blafrer og det suser i grantræerne. Kusken med Capella er højt til vejs foran mig, til venstre er Orion ved at gå ned og bæltet er næsten vandret tæt på horisonten. Betelgeuse i toppen af Orion lyser rødt. Til højre længere nede er den næste røde stjerne, Aldebaran – Tyrens øje – og til højre for den endnu længere nede ser jeg endelig Merkur. Gullig/orange på en lys og rødlig baggrund lige over skoven hænger den mest flygtige af alle planeter. Over den begynder Syvstjernen at glimte.

Fantastisk; nu har jeg set alle de fem synlige planeter. Det startede med Jupiter mod sydøst og slutter symbolsk i den stik modsatte ende af himlen med Merkur. Nu er der ikke mere for mig at gøre; med Merkur har jeg set det, jeg skulle. Jeg kigger rundt på himlen: Tvillingerne står næsten vandret; da jeg så dem i efteråret, stod de lodret over Trompetertårnet på Kronborg, nu har de drejet sig en kvart omgang. Løven styrer himlen mod syd med Saturn under sig, Perseus med djævlestjernen Algol ligger over Merkur og Cassiopeia's W ligger sidelæns mod øst. Betelgeuse – Aldebaran og Merkur ligner fly under indflyvning, som det så ud over Kastrup, da jeg sad på stranden på Hven og ventede

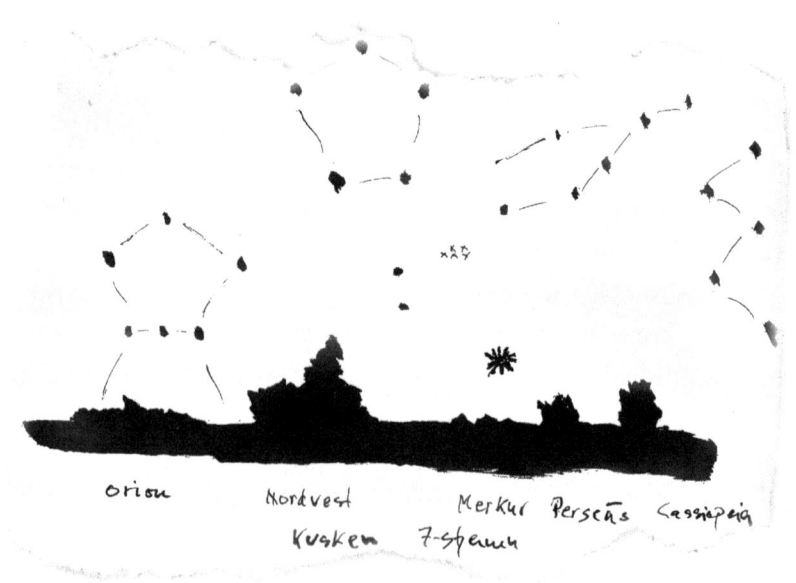

på tidevandet. Jeg sætter mig på greenen med min blok og bliver siddende indtil Merkur er gået ned.

Aldrig har himlen set mere imponerende ud. Jeg er vemodig over, at eventyret er slut. Nu kan jeg godt gå hjem. Jeg står en sidste gang og ser på himlen, inden jeg stiger på cyklen, og himlen belønner min tålmodighed med et langt stjerneskud tæt forbi Arcturus.

- - -

På skrivebordet er en kolossal stabel af udskrifter fra internettet, notater og skitser, biografier og korrespondance mellem mennesker, som engang har levet og havde deres liv at fortælle hinanden. Der er bøger om stjerner, helleristninger, kunst, digte og en billig stjernekikkert fra Netto. Jeg behøver ikke længere alt mit materiale og udstyr.

Jeg nænner ikke at smide mine papirer ud; så jeg stuver det hele ned i en flyttekasse, som jeg bærer op på loftet. Men jeg har ikke fået det hele med. Bagefter opdager jeg, at jeg har glemt en snavset indtørret appelsin plukket på torvet uden for Cordobas mure. Det er det eneste spor, der er tilbage efter mit livs længste rejse.

Jeg lægger appelsinen oven på en brochure fra en af de lokale køreskoler. Jeg tror, jeg vil tage kørekort til motorcykel. Jeg har altid drømt om at køre ned ad Champs-Élysées i Paris på motorcykel en varm efterårsdag...

www.ingramcontent.com/pod-product-compliance
Ingram Content Group UK Ltd.
Pitfield, Milton Keynes, MK11 3LW, UK
UKHW022231230426
12048UKWH00016BA/1191